良渚博物院
中国早期文明丛书

红山

中国文化的直根系

郭明 著

上海古籍出版社

图书在版编目（CIP）数据

红山：中国文化的直根系 / 郭明著．—上海：上海古籍出版社，2022.11（2023.10 重印）
（中国早期文明丛书）
ISBN 978-7-5732-0448-6

Ⅰ．①红… Ⅱ．①郭… Ⅲ．①红山文化-研究 Ⅳ．①K871.134

中国版本图书馆CIP数据核字（2022）第180608号

责任编辑 贾利民

装帧设计 王楠莹

技术编辑 耿莹祎

中国早期文明丛书
红山——中国文化的直根系
郭 明 著
上海古籍出版社出版发行
（上海市闵行区号景路 159 弄 1–5 号 A 座 5F 邮政编码 201101）
（1）网址：www.guji.com.cn
（2）E-mail：guji1 @ guji.com.cn
（3）易文网网址：www.ewen.co
上海雅昌艺术印刷有限公司印刷
开本 700×1000 1/16 印张 13.75 插页 4 字数 206,000
2022 年 11 月第 1 版 2023 年 10 月第 2 次印刷
印数：2,501—3,550
ISBN 978-7-5732-0448-6
K·3266 定价：118.00 元
如有质量问题，请与承印公司联系

本书为科技部国家重点研发项目中华文明探源研究之
"北方长城地带文明进程研究"课题（编号 2020YFC1521601）
和国家文物局考古中国重大项目"红山社会文明化进程研究"
阶段性成果

总　序

　　"五千年中华文明"之说自被提出以来，始终面临着科学的审视。寻找切实可信的中华文明之源，成为数代学人的情结和使命。它不仅是我国学者潜心研究的重大课题，也是国际学术界持续关注的研究领域。这一问题的解答，关系中华民族历史的展示与构建、文化自信的建立与增强、中华文化国际影响力的提升等一系列问题。

　　2001 年，国家启动了中华文明探源工程，集结了包括考古学、历史学和自然科学各大学科在内的 20 多个学科、60 多个单位的 400 多位专家学者的力量进行攻关。该项研究以马克思主义为指导，以距今 5 500～3 500 年间最能反映社会发展状况和权力强化程度的浙江良渚、山西陶寺、陕西石峁和河南二里头 4 个都邑性遗址以及黄河、长江和辽河流域的中心性遗址作为工作重点，开展大规模考古发掘和周围地区聚落分布调查，获取方方面面的信息，多学科、多角度、多层次、全方位对中华文明起源、形成与早期发展进行研究。

　　经过 20 年的不懈工作，中华文明探源工程成果显著：对中华文明的起源、形成、发展的历史脉络，对中华文明多元一体格局的形成和发展过程，对中华文明的特点及其形成原因等，都有了较为清晰的认识。中华五千多年文明史所言非虚：距今万年奠基，八千年起源，六千年加速，五千多年进入（文明社会），四千三百年中原崛起，四千年王朝建立，三千年王权巩固，两千两百年统一多民族国家形成。多元融合是中华文明生生不息的源泉，开放包容、交流互鉴是文明发展的动力，文化软实力是增强中华文明创造力和影响力的保障。中华文明的起源、形成和早期发展，与世界其他三大原生文明基本同步，辉煌的文明成就毫不逊色。它是世界四大文明中唯一延绵至今、未曾中断的文明，在人类文明史上占有独特而重要的地位。

尤为可贵的是，该工程提出了文明定义和认定进入文明社会标准的中国方案，为世界文明起源研究做出了原创性贡献。关于文明的定义及相关概念，国内外学术界存在诸多分歧。中华文明探源研究坚持历史唯物主义，提出文明是人类文化和社会发展的高级阶段。这一阶段在生产力发展的基础上，出现了社会分工和社会分化，形成了阶级、王权和国家。我们提出"文明起源"与"文明形成"两个概念，二者既有联系又有区别，两者是文明社会孕育和产生的不同阶段，先有文明因素量的积累，后有社会质的变化。国家的出现是文明形成的标志。关于进入文明社会的认定标准，中华文明探源研究冲破"文明三要素"（文字、冶金术和城市）的桎梏，提出了新的观点：即生产发展，人口增加，出现城市；社会分工，阶层分化，出现阶级；权力不断强化，出现王权和国家。这一新的标准不仅基于中国考古学的大量发现与丰富例证，将国际社会对中国文明仅有 3 300 年的认知局限扩展至 5 000 多年，而且也适用于国际上的其他原生文明。

这一工程出版成果丰硕，如《中华文明探源》《中华文明探源工程文集》《中华文明探源工程成果集萃》等让我们对中华文明形成的时间、脉络和特点的认识逐渐清晰。在考古学家孜孜不倦地攻克史前难题时，有必要组织一套面向社会大众的，能够全面反映中华文明形成和发展关键时期的文明丛书，既是对考古资料的一种梳理，也是成果的及时公布和转化。故而，我们选取在中华文明起源、形成过程中发挥过重要作用的八个考古学文化或典型遗址，即仰韶文化、大汶口文化、屈家岭文化、石家河文化、凌家滩文化、红山文化、良渚文化和陶寺遗址，以期生动、立体地展现各文化的特质，介绍考古工作的特殊性和趣味性。

值得注意的是，2019 年良渚古城遗址入选世界文化遗产名录，是我国入选世界遗产的第一处史前文化遗址。作为中国长江下游环太湖地区的一个区域性早期国家的权力与信仰中心，良渚古城遗址以其时间早、成就高、内容丰富而展现出长江流域对中华文明起源阶段"多元一体"特征所作出的杰出贡献，填补了《世界遗产名录》东亚地区新石器时代城市考古遗址的空缺，为中国 5 000 年的文明史提供了独特的见证；其向心式三重结构的空间形制与湿地营城技术展示了世所罕见的极高成就，在人类文明发展史上堪称早期城市文明的杰出范例。

良渚古城遗址申遗成功后，我们对五千年前后的文明进程关键时期的局面，更有必要在更大的时空维度中做一介绍，阐释"满天星斗"，表现中国文明形成的"多元一体"的历史趋势。良渚博物院站位高远，不局限于一时一地，跳出长江下游从整个中国的视角来看待早期文明起源与形成的大问题，依托"中华文明探源工程"卓有成效的工作成果，在 2020 年底提议组织一套早期文明比较丛书，次年春经多次讨论后正式启动。该丛书将新石器时代晚期已经踏入初期文明阶段的几个主要考古学文化纳入主题，从整个中国的大视野来看待良渚文明的起源和发展问题，这不仅是对良渚文化考古研究的再次深入，对于早期文明起源的探索也必然会有巨大的推动作用。本丛书一套 8 册，包括《良渚：中华文明之光》《红山：中国文化的直根系》《凌家滩：中华文明的先锋》《陶寺：中国文明核心形成的起点》等，均由相应遗址的考古领队或研究学者执笔撰写，具有很好的科学性和系统性。不可回避的是，由于组稿和编撰的时间较短，各位作者白天奔波于田野一线，晚上整理资料后还要埋首各自图书的撰写，涉及大量资料的梳理和系统思考，难免不够全面和完备。尽管整体上看丛书体例统一，但也存在一些小问题，实属遗憾……然而，瑕不掩瑜，抛砖引玉亦可！

我们希冀这套丛书可以依托各地丰富的考古发现和研究成果，开展良渚文明与中国各地大体同时期的区域文明的比较研究，展现中国各地区文明起源、形成的路径和特点，以使读者更好地感知多元一体的中华文明的丰富内涵和其中蕴含的中国优秀传统文化的精神内核，增强对中华文明的认知和认同，为增强历史自觉和文化自信，实现中华民族伟大复兴的中国梦提供精神动力。

中国考古学学会理事长、中国社会科学院学部委员

二〇二二年九月

Contents 目录

绪 论

红山文化是辽西地区[1]新石器时代晚期重要的考古学文化，遗址较为集中地分布在燕山以北的大、小凌河流域和西辽河上游地区[2]（图一）。包括现代行政区划上的河北省北部、内蒙古自治区东南部和辽宁省西部，其核心区位于西拉木伦河以南，大小凌河流域、努鲁尔虎山一带。北部越过西拉木伦河以北，向东越过医巫闾山至下辽河西岸，南可至渤海北岸，西边大致可达燕山南麓京津一带，其影响范围可至更西一些的区域。

第一节　红山文化的特征

"三石"与"三陶"是最早确立的红山文化典型器物群特征。"三石"指三种制作工艺不同的石器，分别为打制石器、磨制石器和细石器。三者在北方考古学文化中长期共存，是区别于其他地区考古学文化的主要特征。"三陶"则包括泥质红陶、之字纹陶和彩陶，之字纹是北方地区自距今 8 000 年左右的兴隆洼文化就已经出现的陶器纹饰，彩陶则是红山文化新出现的特征。虽然这种划分方式在现今看来略显粗放，分类标准也不统一，却为认识红山文化，区分红山文化和与其遗物特征相似的其他文化起到了非常重要的作用。

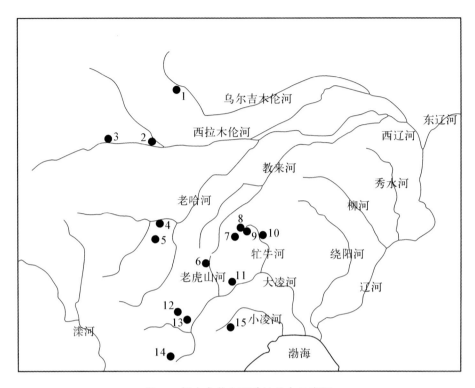

图一　红山文化主要遗址分布示意图

1. 二道梁遗址　2. 那斯台遗址　3. 白音长汗遗址　4. 红山后遗址　5. 魏家窝铺遗址
6. 草帽山遗址　7. 西台遗址　8. 兴隆沟遗址　9. 兴隆洼遗址　10. 胡头沟遗址
11. 半拉山遗址　12. 牛河梁遗址　13. 东山嘴遗址　14. 田家沟遗址　15. 沙锅屯遗址

随着考古发现的增加，器物群的特征更加详细而具体，在认识器物特征的基础上，也逐渐总结出了红山文化的聚落特征。

一、器物群

红山文化的器物大体可以分为陶器、玉器和石器三种，其中陶器和玉器的特征更为明显。

1. 陶器

红山文化陶器主要有灰、红两个陶系，也可见黑陶，但数量较少。夹砂陶和泥质陶的比例大体相当。

目前经过系统发掘且完整公布信息的遗址相对较少，只能通过对几个主要遗址[3]已公布资料的统计大体了解红山文化陶器的组合。红山文化遗址出土的陶器种类主要有罐、筒形罐[4]、斜口器、钵、盆、瓮、盘、器盖、器座、筒形器、塔形器等，以筒形罐、钵的数量相对较多，魏家窝铺遗址中还发现了圜底釜。

目前区域内确认的新石器时代考古学文化包括小河西文化、兴隆洼文化、赵宝沟文化、富河文化、红山文化、小河沿文化以及西梁文化，其器物群中均可以见到筒形罐，甚至以大小、形制略有差异的筒形罐构成最基本的器物组合。

筒形罐是中国北方地区新石器时代普遍流行的一类陶器，以大口、深腹、平底为主要特征，也曾被称为深腹罐[5]、大口直腹罐[6]等。随着研究的深入和论述的增加，20世纪90年代以来，筒形罐的名称逐渐为学术界所接受，渐趋取代其他的名词成为对这种以大口、深腹、平底为特征的一类陶器的统称。筒形罐在区域内的延续使用和广泛流行，也使东北地区成为区别于其他地区的平底筒形罐文化区[7]。

之字纹筒形罐，最早见于兴隆洼文化，至小河沿文化时基本消失。同样以之字纹为主要流行纹饰的几个考古学文化的筒形罐特征也略有差异。兴隆洼文化的筒形罐以直腹和斜直腹为主，多采用弦纹、附加堆纹和主体纹饰共同构成的三段式纹样布局，主体纹饰除之字纹外，还可见横排人字纹、交叉网格纹、刻划交叉纹和戳点纹等多种纹饰。赵宝沟、富河和红山文化的筒形罐多弧腹，纹饰也以之字纹为主，但仍存在差别。除之字纹外，赵宝沟文化还有相当数量的几何纹，富河文化则多采用篦点之字纹。红山文化的主体纹饰除之字纹外，还出现了刻划斜线纹，还在口沿外另施戳印纹或装饰戳印纹的细泥条，在口沿下或腹部加鋬耳或钮。

虽然红山文化出现了相当数量的其他造型的器物，但仍以筒形罐最为常见。筒形罐造型简单，器形缺少复杂变化，纹饰特征的变化是区分不同考古学文化的重要依据。

斜口器状似簸箕，斜口、小平底，虽然数量不多，但在多个遗址中皆有发现，纹饰特征与筒形罐相似。在赵宝沟、新乐和红山文化中都有发现，红山文化斜口器的长、短面高度差更大，短面近底部处多有外凸长钮。

钵的形制多样，可以分为深腹、浅腹、叠唇等多种，多为泥质，可见灰陶和红陶，并有部分彩陶，彩可见黑、红两色。西水泉、小东山遗址还发现了一定数量的"红顶"钵[8]。

除上述器物外，红山文化还常见一种小口双耳罐，皆为泥质红陶，器表施规整之字纹，部分为彩陶。自身特征变化明显，双耳自下腹部逐渐上移，在红山文化的晚期阶段，器耳已上移至肩部。

筒形器是筒形罐之外数量最多的器物种类之一，以中空、无底为主要特征。同样具备此特征的器物有的也被称为"器座"。总体而言，筒形器的器高明显大于口径，器座则相反；前者多见于墓地或礼仪活动场所，而后者多见于居址附近，但不同研究者的定名似乎并未遵循这一原则。根据《牛河梁》报告的分类，筒形器可以分为器形较高和较矮的两种，后者的口径与高的比值与"器座"大体相似，筒形器以器形命名，而器座以器物的使用功能命名，筒形器的命名则可以涵盖"器座"。

塔形器也是红山文化墓地或特殊功能遗迹出土的器物，造型较为独特，虽然尚未发现造型完全相同的器物，但器物的构成基本一致，可以分为上、中、下三部分，下部形制基本一致，为底部内收的覆盆状大裙边；中部为倒扣的半球形与镂孔束腰的组合；其上内收，上部的形制差异较大，已经发现的有双口、高冠人首状等多种，目前后者主要见于牛河梁遗址第一地点。虽然造型各异，但总体仍以上下贯通的中空为特征。

圜底釜目前仅见于魏家窝铺遗址，数量也相对较多，但并未在其他红山文化遗址中普遍发现，应不属于红山文化的典型器物。

陶器根据其出土环境的差异大体可以分为居住址中常见的日用生活陶器及墓地中与埋葬行为或特殊礼仪行为有关的陶器两种组合。除筒形器和塔形器常见于墓地

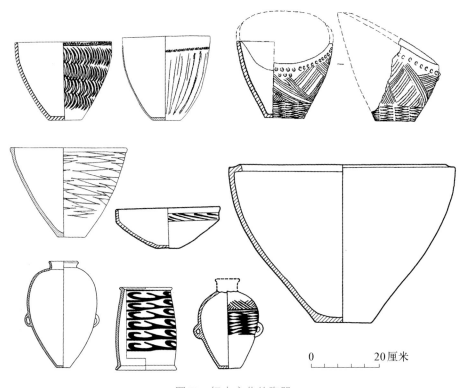

图二 红山文化的陶器

或特殊遗迹外，其余皆应为日用生活陶器。上机房营子遗址的红山文化窑址是烧制日用生活陶器的陶窑，出土陶器包括筒形罐、斜口器、壶、盆、钵、器盖等几种，以筒形罐的数量最多。虽然窑址内出土遗物不能反映其使用的组合，却也从制作层面展现了陶器功能的差异（图二）。

彩陶也是红山文化的重要特征，彩陶器的种类有钵、罐、瓮、盘、筒形器、塔形器等，纹饰多施于腹部以上位置，根据具体器形不同而有所变化（图三）。彩陶纹饰有红地红彩、红地黑彩两种，以红地黑彩数量较多。图案有平行竖线纹、平行斜线纹、蝌蚪纹、平行线组成的三角纹、鳞纹、菱形纹、涡纹、弧边三角形、勾连纹、叠错三角纹、棋盘格纹、宽带纹、平行线夹平行四边形纹和同心圆细线纹等（图四）。

图三　红山文化彩陶器

图四　红山文化彩陶纹样

2. 玉器

玉器是红山文化最引人关注的器物种类。红山文化玉器多由阳起石或透闪石软玉制成，少量为蛇纹石所制。除少量器物受沁，器表偏白色外，多见黄绿色和青白色玉器，以黄绿色玉器数量较多。

红山文化玉器器形圆润，打磨、抛光细致，几乎不见制作痕迹的残留，较少修饰而注重玉器质感的表现，多配合外形特征在器表磨出瓦沟纹。种类多样，根据使用功能的差异可以分为装饰类器物，包括璧、环、镯和坠饰等；工具类器物，主要为玉斧或钺等；其他无法准确判定其使用功能的器物，包括仿生物造型的玉鸟、玉人、玉蚕、玉鳖等，以及勾云形玉器、斜口筒形玉器等抽象造型的器物。大量的动物形玉器是红山文化玉器的重要特征，除了鸟、蝈蝈、蚕、鱼、龟、鳖等形象清晰的动物造型玉器之外，还有造型来源更为复杂的玉龙，仿生造型特征组合的双鸮首玉器、龙凤佩饰等。造型复杂的器物多不具备重复性，而具有装饰功能的镯、环类器物最为常见，玉璧次之（图五）。

玉镯、环类器物是造型相对简单，出土数量最多的，虽然二者可能在使用上存在差别，但器形基本相同，皆为规整正圆形，截面为弧边三角形。

玉璧的形状则相对不规则，有圆形、圆角方形、方形等多种形态，内孔为不规则圆形，边缘皆打磨成刃状。

7

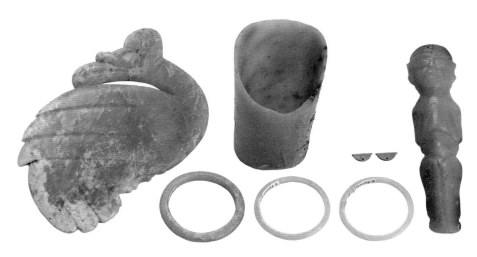

图五　十六地点 M4 出土玉器

斜口筒形玉器是红山文化较为常见的玉器种类之一。造型简单，近似扁圆筒状，内部中空，一端为外敞的斜口，一端为平口，横截面近扁椭圆形，光素无纹。平口长径两侧通常有钻孔。

勾云形玉器是红山文化较为常见的玉器种类，因器身多见云状卷勾而得名。根据中心位置卷勾数量的不同可以分为单勾型和双勾型两种。单勾型勾云形玉器多单面雕刻纹饰，中心位置为由圆形、弯条形镂孔和瓦沟纹共同构成的中央卷勾，中央卷勾部分的圆形和弯条形镂孔基本连通，形成规范的中央卷勾形态。双勾型勾云形玉器器形相对较大，两中央卷勾对称分布。

玉龙虽不是红山文化数量最多的玉器，却是最被人熟知的红山文化玉器，根据器形的差异可以分为 C 形龙和玦形龙两种。前者多为遗址采集，因整体造型近似 C 形，故名之。正式发掘出土的玦形龙数量较多，较 C 形龙更为圆润厚重，中有圆孔，有玦口开闭之分。体蜷曲，首尾相连，其间以断开的玦口或不断开的"V"形槽区分。体部光素无纹，以宽阴线减地雕出头部特征。尖状大耳，圆眼，吻部前突，水滴形鼻孔。两耳间的头顶部分起脊，身体中部靠近头部位置有圆形的对钻孔。玉龙的名称可能主要源于蜷曲的身体，至于面部特征则有猪龙或者熊龙等不同的说法。玉龙是除镯、璧外分布范围最广的玉器，新近在河北张家口地区也有发现。

除此之外，红山文化中仿生物造型的器物，如玉龟、玉凤、玉蝈蝈、玉鸟等，严格按照动物的特征和比例予以还原，甚至可以实现对动物性别的区分。如牛河梁遗址第五地点 N5Z1M1 出土的两件玉鳖，雌鳖形体较大，雄鳖形体略小，腹下有凹窝。有些器物则根据着重点的不同对各部位采取了不同的表现方式。头部是红山文化玉器着重表现的部位，玉龙、龙凤佩饰、双鸮首玉饰等都仅对头部进行了精细的刻画，而身体部分则多有减省或仅略加示意。

红山文化玉器虽然多见于墓葬中，但并非只作为随葬品使用，更是生活或社会活动中经常使用的重要器物，是墓主生前使用、死后随葬的物品。

二、聚落特征

调查发现红山文化已经出现了集群分布的聚落，根据地表遗物的集中分布状况可知也存在聚落规模的变化。居址和墓葬分别代表日常生活和死后世界，是聚落研究最为主要的两项内容，除此之外窑址也是红山文化聚落的重要功能性遗址。

目前红山文化很少发现同时包含多类遗存的聚落，牛河梁遗址以墓地和祭祀礼仪活动的遗迹为主，居住址的信息较少；西水泉、小东山等遗址有房址的材料发表却未见墓葬；白音长汗和南台子遗址发现了红山文化的墓葬和居址，但墓葬中不见遗物，仍旧无法判定墓葬和居址是否属于共时性的聚落单元，也无法将二者综合比较；发现窑址的上机房营子和四棱山缺乏相关居住地的信息，因此只能分别概括红山文化的特征。

红山文化的房址皆为半地穴式，有方形和圆形两种，七家遗址还发现了中间有过道的"吕"字形房址。多数房址有门道，灶多位于房址靠近门道一侧，皆为土坑灶，有方形、圆形和瓢形三种，多较浅，瓢形深坑灶目前仅见于魏家窝铺遗址，由靠近门道的长条形火道（火膛）和圆形深坑灶组成。门道朝向不固定，如魏家窝铺遗址房址的门道就可见东南、西南、西北和东北四种朝向，朝向相同的房址年代较为接近。居住区外多有环壕，环壕位置的改变显示居住区域的扩展和变化（图六）。

墓葬在西拉木伦河北侧的南台子遗址[9]、白音长汗遗址[10]都有发现，南台子遗址划归红山文化的墓葬风格极不统一，可见长方形竖穴土坑墓、圆形或椭圆形竖穴土坑墓，还有少量积石墓和石板墓。葬式则有仰身直肢葬、仰身屈肢葬和侧身屈肢葬等，有单人葬和多人合葬。

白音长汗遗址红山文化墓葬也分为积石土坑墓和积石石棺墓两种，石棺墓皆为仰身直肢葬（图七）。

大小凌河、老哈河流域的红山文化晚期墓葬风格相对统一，也有石棺墓和土坑墓两种，以仰身直肢葬为主，有相当数量的二次葬，不见屈肢葬。墓上积石也出现了从每座墓葬皆有积石到墓地结束后积石的变化。

窑址是聚落中的重要功能区，目前仅在上机房营子[11]、四棱山[12]和西台[13]遗址发现了窑址。除上机房营子Y2结构较为简单，窑室与火膛未分离外，其余皆为火膛与窑室分离的横式窑。窑依山势而建，火膛与窑门位置偏下，并且出现了双火膛窑（图八）。西台遗址的两座陶窑皆位于遗址的西南，"Y1被环壕G1打破，Y2打破G1"，说明在环壕形成之前和废弃之后，西台遗址烧窑区的位置并未发生变化。而上机房营子和四棱山皆未发现明确的居住区，因此可能存在多个居住区对应一个窑址区的聚落功能组合。这也与调查发现的红山文化多个遗址聚集分布的特点一致。

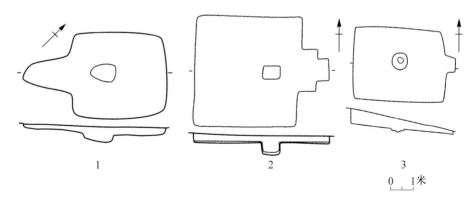

图六　红山文化房址

1. 西台遗址 F202　2. 西台遗址 F26　3. 白音长汗遗址 BF46

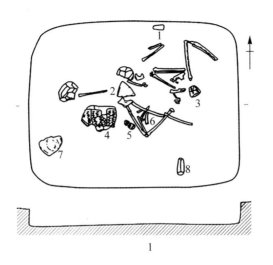

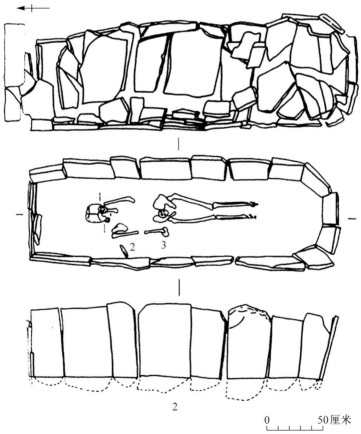

图七　红山文化墓葬

1. 土坑墓　2. 石棺墓

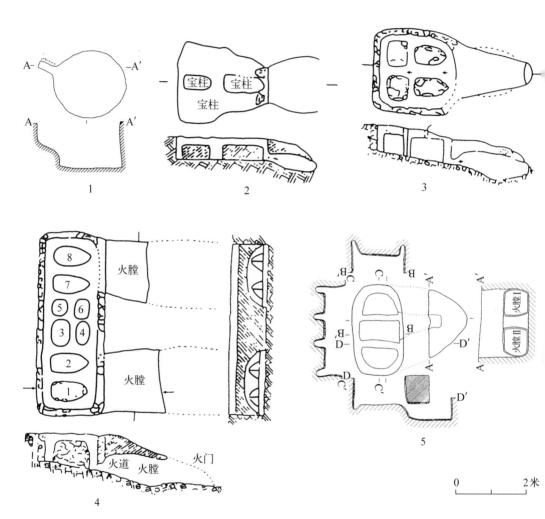

图八　红山文化的陶窑

1、5.上机房营子遗址　2～4.四棱山遗址

三、分期与年代

红山文化的测年数据集中在距今6 700～4 800年的区间（表一），多数研究者认为距今6 500～5 000年间是红山文化的延续发展时期，有学者[14]根据兴隆洼遗址的测年结果，将红山文化的起始时间向上追溯至距今6 700年前后。

表一　红山文化碳十四测年数据表

标本来源	样本类别	实验室编号	测定年代		树轮校正年代
兴隆洼Ⅰ F133 ③	木炭	ZK－1394	5865±90（BC3915）	5700±90（BC3750）	4714～4463（BC）
兴隆洼Ⅰ F142 ①	木炭	ZK－2064	5735±85（BC3768）	5570±85（BC3620）	4501～4348（BC）
兴隆洼Ⅰ F106 ②	木炭	ZK－3074	5425±53（BC3475）	5271±53（BC3321）	4230～3990（BC）
小东山 F8	木炭			5340±80（BC3390）	
五道湾 M1	人骨	ZK－1180	4455±85（BC2505）	4330±85（BC2380）	3039～2894（BC）
兴隆沟第二地点 F4 ①	木炭	ZK－3155	4786±44（BC2836）	4651±43（BC2701）	3520～3410（57.0%）3390～3360（11.2%）（BC）
N2Z1 封土	木炭	ZK－1355	4995±110（BC3045）	4850±110（BC2900）	3799～3517（BC）
N1F1	木炭	ZK－1352	4975±85（BC3025）	4830±85（BC2880）	3371～3519（BC）
N1F1	木炭	ZK－1351	4970±85（BC3020）	4830±80（BC2880）	3700～3521（BC）
半拉山 M4	人骨		4510±30		5305～5045（BP）
东山嘴 F4 ②	木炭	BK82079	4975±70（BC2945）	4760±70（BC2180）	3640～3382（BC）
N2Z1M8	木炭	ZK－1354	4605±125（BC2655）	4470±125（BC2520）	3360～2920（BC）

红山文化的分期有二期说[15]、三期说[16]和四期说[17]的不同，但总体倾向基本一致，分期方案中的三期分别与后冈一期文化、庙底沟文化和半坡四期文化相当，与红山文化同时的可作为参照的还包括半坡文化[18]和庙子沟文化[19]（表二）。虽然不同研究者的具体分期略有差异，但皆选择了以中原地区的考古学文化作为参照，一方面显示了在红山文化发展过程中与周边考古学文化的频繁交流与互动，另一方面也显示了目前红山文化经过系统发掘并完整发表资料的遗址相对较少，依靠红山文化自身建立完整的文化发展序列的困难。

表二　代表性学者红山文化分期对照表

二期	三　　　期					四　　　期		
高美璇等	张星德	杨　虎	赵宾福	刘国祥		朱延平	陈国庆	索秀芬
红山后类型	后冈一期	兴隆洼F133	半坡、后冈一期	早期	早段	老官台—半坡	一期	一期
					晚段	半坡		
	庙底沟	西水泉	庙底沟	中期	早段	庙底沟	二期	二期
					晚段			
城子山类型	半坡四期	东山嘴	半坡四期	晚期	早段	半坡四期	三期	三期
					晚段		四期	四期 早段
								晚段

受分期研究的典型器物——筒形罐的变化特征不明显、缺乏可以准确判断相对年代的层位关系、缺少系统完整发掘的遗址等多种原因的影响，虽然研究者确定的红山文化总体的发展变化趋向基本相同，但同样采用三期的划分，并同样以中原地区考古学文化的发展作为参考序列，具体遗址在分期中所处的位置并不相同（表三）。如蜘蛛山遗址[20]分别位于不同研究者分期的第一期[21]和第三期[22]；虽然多数学者认为牛河梁遗址属红山文化的偏晚阶段，基本为二期说的晚期，三期说的中、晚期，四期说的第三、四期，也有学者认为牛河梁遗址贯穿红山文化发展的始终[23]。依据筒形罐等生活陶器进行分期研究的结果仍存在一定程度的分歧，而对

以筒形器为典型遗物的下层和上层积石冢阶段的年代判断则相对一致，牛河梁遗址的地层关系和遗物特征的明显变化给红山文化晚期分期的进一步细化奠定了基础。

表三　分期结果对比表

遗址名称	分期（赵宾福）			分期（张星德）		
	早	中	晚	早	中	晚
三道湾	√				√	
四棱山		√				√
那斯台		√			√	√
蜘蛛山			√	√		

而对缺乏地层关系可以参照、不同地点略有差异的遗物的判断仍存在不同，或认为第一地点的"折沿"筒形器早于第二地点上层积石冢阶段的筒形器[24]，或认为第二地点上层积石冢阶段的筒形器略早于第一地点的"折沿"筒形器[25]，或认为二者的年代相当，属于同一时期的遗物[26]。

堆积较浅、遗迹之间较少有复杂的叠压打破关系是红山文化遗址的普遍特征，器物的特征变化不明显，缺乏层位关系和测年数据作为参照，都给红山文化的细致分期带来了相当的困难。虽然由于资料有限，具体遗址在分期中的位置无法准确判定，分期仍需进一步完善，但总体一致的变化规律为从宏观上认识红山文化的发展变化奠定了基础。早、中、晚三期的划分为红山文化的分析与讨论确立了基础的时间框架，在对比资料相对有限的情况下，相对粗放的大时段划分，可以有效避免精确划分被证伪的概率，对于认识红山文化具有重要意义。

第二节　考古发现与研究

现今赤峰市老哈河支流英金河的东岸有一座山峰，蒙语称"乌兰哈达"，意为红色的山峰，赤峰这一名字即来源于此，这座山峰东侧相对平缓的鞍部则被称为

"红山后"[27]。1935 年红山后遗址的发掘发现了细石器、彩陶器等，发掘者将其称为"赤峰第一期文化"。1954 年，尹达先生[28]将这类遗存命名为"红山文化"，对红山文化的认识和研究正式开始。

红山文化的考古工作最早可追溯到 19 世纪末日本学者鸟居龙藏对今赤峰地区的考古调查，此后，法国学者桑志华和德日进也多次到达上述地区进行调查，20 世纪 30 年代梁思永先生也曾在此区域开展调查工作[29]。考古发掘工作则可追溯至 20 世纪 20 年代初锦西沙锅屯遗址的发掘。从可以追溯的第一个红山文化遗址的发掘到今天，红山文化的发现与研究走过了一个世纪，对红山文化的认识也伴随着考古发现逐步深入，从最初的"仰韶文化"的变体，到"混合文化"的认识，再到"五千年文明曙光"的提出，经历了六十多年的时间。而如今红山文化是否已经达到了文明的阶段，其社会的特征如何则成为了新的争论的焦点。

目前经调查确认的红山文化遗址点已有一千多个，虽然系统发掘的遗址数量较少，但这些发现不断扩展我们对红山文化的了解，红山文化的研究也随着资料的积累不断推进。考古发现与研究互相依托、彼此促进，不断丰富着对红山文化的认识。

红山文化的发现与研究可以分为三个阶段：

一、第一阶段：从发现到命名（1921～1954 年）

锦西沙锅屯洞穴遗址[30]是第一处经过正式发掘的红山文化遗址。遗址位于今葫芦岛市南票镇西北部沙锅屯村东南 1.5 公里处，地处松岭山脉的东段南侧，女儿河在山前流过，洞穴开口处海拔 216 米。1921 年 6 月，瑞典地质学家安特生受北洋政府农矿部地质调查所的指派来此区域调查煤矿，发现了这处古人类活动的遗迹。在洞穴中的五层堆积中，发现了石刀、细石器、饰之字纹和绳纹的筒形罐、彩陶器等，以及属于 42 个个体的人骨。

直到同年发掘仰韶遗址之后，发掘者才提出对沙锅屯洞穴遗存的初步认识，"此二遗址（仰韶和沙锅屯）殆属同时，故因河南遗址所在，悉命名为仰韶古代文化层"，将沙锅屯遗存划归仰韶文化，是仰韶文化的北方变体。受发掘者"彩陶西来"观点的影响，两处遗址所共有的彩陶器也被认为是仰韶文化向东传播的结果。

沙锅屯遗址的发掘为"彩陶西来"的观点提供了一个更东端的传播节点，与中国境内彩陶"源头"的仰韶遗址相比，并未受到学术界的重视。随着红山文化研究的开展，逐渐认识到沙锅屯洞穴层的主体是红山文化和小河沿文化遗存。虽然是在发掘很多年之后才形成了对沙锅屯遗址的正确认识，但沙锅屯遗址是中国史前考古学及中国近代田野考古学发掘的第一个遗址[31]，在中国百年考古学史上具有重要的开创性意义。

1930 年冬，梁思永赴东北调查，在林西、赤峰一带也发现了与沙锅屯遗址相似的遗物，认为其可能为北方细石器文化与彩陶文化相结合的一种混合文化[32]。虽然并未给这些发现以明确的定名，但已充分认识到这些发现的重要性，原定次年再次开展的热河地区考古调查因为战争的原因不得不中断。而这些发现则提示着长城以北地区可能是中国文化需要追溯的源头之所在[33]。从仰韶文化的变体到混合文化认识的变化逐渐形成了对本地文化特征的关注和认识，为未来红山文化的命名和进一步的认识奠定了基础。

战争阻断了考古学界向北的探索之路，北方考古学文化的研究也错失了进入主流考古学研究领域的一个重要机遇。这一时期北方地区的考古发掘工作主要由日本学者开展，赤峰红山后是这一时期发掘的主要遗址。

赤峰红山后遗址位于赤峰市东北英金河东岸红山最北侧山峰的东坡和南坡，1935 年日本学者滨田耕作、水野清一在红山后发现了新石器时代遗存并进行了发掘，出土了大量打制石器、磨制石器、细石器，泥质红陶器、彩陶器、夹砂灰陶筒形罐，蚌、贝、骨、角、牙器等。1938 年出版的发掘报告将第二住地发现的共出彩陶的遗存命名为"赤峰第一期文化"[34]。与安特生的结论不同，发掘者认为红山后发现的彩陶由甘肃彩陶演化而来。

1954 年，在梁思永的建议下，尹达根据赤峰红山后的考古发现提出了红山文化的定名，在沙锅屯遗址发掘 30 年之后，赤峰红山后赢得了红山文化的"冠名权"。根据红山后的考古发现，以"三石"（打制石器、磨制石器和细石器）、"三陶"（泥质陶、之字纹陶和彩陶）作为红山文化的基本特征，这类有着与中原地区考古学文化相似的彩陶却带着浓烈地方特征的遗存有了归属。命名的提出意味着红山文化作为一个独立的文化体出现在研究者的面前，从此正式开始了对红山文化的研究。

二、第二阶段：文化内涵的进一步确认（1955～1980 年）

从判定遗存的性质，到确定红山文化的相对年代关系，再到从多个角度探索红山文化的社会发展，红山文化的研究取得了丰硕成果，新的考古发现不断推动红山文化研究范围和深度的扩展。

在红山文化发现和研究的最初阶段，正式发掘的遗址少，因而对红山文化总体特征的认识仍较为模糊。调查发现的遗物中以细石器数量最多，而细石器的传统在北方地区持续了几千年，无法据此判断遗存年代，因此调查中发现的出土细石器的遗址也常常被笼统称为"细石器文化遗址"[35]。即使在红山文化定名之后，细石器文化遗址的名称仍然在相当长的时间内流行。虽然有些发现尚未纳入红山文化做综合研究，但基于对环境、遗物本身的认识大大丰富了对这些遗址的认识，成为未来红山文化深入研究的基础。

1956 年[36]在对赤峰红山开展的考古工作中正式采用了"红山文化"的命名，但关注的重点仍然在与其有相似特征的遗存之间的关系问题，提出了红山文化彩陶与仰韶文化彩陶关系更为密切而非受甘肃彩陶影响的观点。

自 20 世纪 70 年代开始，随着对红山文化特征认识的深入，越来越多的红山文化遗址被识别出来，陶窑[37]、房址[38]等相继被发现，除了遗物的特征外，红山文化的遗迹特征也逐渐明晰，其分布与年代逐渐得到了认识。研究者注意到了不同区域的红山文化遗存特征上的差异，并由此开始了分期与类型的研究。由于发现仍相对有限，绝对年代的判断只能依赖中原地区已经建立起来的文化序列，但区域内考古学文化的相对年代关系却渐趋清晰，红山文化的源流也成为研究的重点，并为红山文化找到了本地的源头[39]。

除了陶器、石器和居住址发现较多，特征相对清晰之外，对红山文化墓葬及墓葬遗物的特征则知之甚少，对于后来红山文化最广为人知的玉器的特征更是毫无所知。1973年，当第一座出土玉器的墓葬在胡头沟遗址被发现时，年代的判断成为了最大的难题，发掘者最初将其年代保守地估计为商周时期。

1979年在凌源市城子山遗址发掘了3座出土玉器的墓葬。遗址的地层中发现了红山文化陶片，墓葬被夏家店下层文化的地层叠压。地层关系为判定玉器墓的年代提供了信息，这批玉器可能属于红山文化。此后，在牛河梁遗址又发现了出土玉器的单纯的红山文化墓地。一系列发现让认识愈渐清晰，在胡头沟遗址发现10年后发表的简报中，最终确认了胡头沟遗址的这几座玉器墓属于红山文化[40]。

受材料的限制，这一时期开展的发掘工作均在下一阶段才得到准确的认识，新的考古发现不仅丰富了红山文化的内涵，也为墓葬年代的确定提供了参照。

三、第三阶段：文明起源的探索与研究工作的全面开展（1981年至今）

这一阶段以东山嘴、牛河梁遗址的发现最为轰动，也正是这两个遗址的考古发现将红山文化研究与文明起源联系起来，红山文化研究直接站在了学术研究的前沿。

东山嘴遗址[41]，位于辽宁省朝阳市喀左县兴隆庄乡章京营子村东山嘴屯，大凌河西岸的山梁上，遗址东南隔大凌河正对马架子山的山口，1979年第二次全国文物普查时发现，同年开始考古发掘。

东山嘴的发掘总面积2 000余平方米，在揭开表土之后不久就发现了遗迹。包括东西两侧都有附属建筑的方形石砌建筑基址及其内立置长条石柱堆成的椭圆形石堆，这是目前发现的唯一具有此特征的红山文化遗址。遗址还出土了彩陶器、陶塑人像残件、玉石器等，造型精美的双龙首玉璜、绿松石鸮等也是当时的首例。东山嘴遗址的石构建筑址及其中心对称的结构布局，出土的玉、石器，特别是陶塑人像都显示东山嘴遗址与此前发现的红山文化居住址不同，可能与祭祀活动有关，而方形建筑址南部的圆形和多个圆形相连构成的石台址是最早被辨认出来的红山文化祭坛。

东山嘴遗址的发现得到了学术界的广泛关注，这个远离居住区的社会公共场所具有宗教祭祀礼仪性的功能成为共识[42]，作为新石器时代考古工作中头一次发现的祭祀场所，东山嘴遗址成为推进对红山文化认识的关键，关于红山文化的社会性质，与此相关的祭祀类遗迹的分布等，都进入了研究者的视野。

东山嘴遗址因为发现了当时国内年代最早的祭祀遗迹而得到了学术界的关注，虽然东山嘴遗址并不是红山文化命名之后发掘的第一座遗址，却是将红山文化研究推向一个新阶段的重要发现，东山嘴遗址的发现将红山文化研究的重心转移到辽西山地。

牛河梁遗址则是在考古工作重点转向辽西地区之后的重要发现。牛河梁遗址面积约 50 平方公里，是由多个沿山脊分布的功能互补的遗址点构成的遗址群。

牛河梁遗址[43]的发现将红山文化的研究和影响推到了一个前所未有的高度，大量造型精美的玉器，独特的"庙、坛、冢"的遗迹组合受到了学术界的广泛关注，奠定了牛河梁遗址"考古圣地"的地位。

庙即"女神庙"，位于牛河梁遗址第一地点，1983 年调查发现并试掘，总体南北长、东西宽、形状不规则。由南侧单室和北侧多室的两个半地穴式建筑组成，总面积约 75 平方米。堆积以红烧土块为主，解剖发现了大量未烧结的泥塑像残块，其中包括人像、动物像等，而女性塑像残件在其中最受关注，这是继东山嘴遗址发现陶塑人像之后在辽西地区发现的又一例人物塑像，与东山嘴遗址只发现人物残肢不同，这里的塑像保存得更为完整，除了身体部分的残件外，还发现了一件几乎完整的人头像。因为较多地反映了女性特征，这件人头像又被称为"女神头像"，"女神庙"也因此得名。

坛位于第二地点中心位置，是以红色安山岩石柱为主要标记、向内逐层高起的三重同心圆结构，与历史时期的"天坛"相似，三重圆环的直径比例与天文现象之间的联系[44]，使其被视为五千年前的祭天圆坛（图九）。

图九　N2Z3

在牛河梁遗址的坛确认之前，红山文化的坛特指东山嘴遗址发现的圆形坛，牛河梁遗址第二地点 Z3 采用与其他积石冢的石灰岩不同的安山岩石柱作为原料，以及无墓葬的特点，使其从积石冢中被区分出来，称为"祭坛"。第二地点的祭坛在体量和规模上都较东山嘴遗址更高，可能其影响的范围和适用人群的规模更大。

冢为积石冢，沿山脊分布，借助山势堆土积石，颇有后世的因山为陵之势（图一〇）。将"以石垒墙、以石筑墓、以石封顶"[45]作为其基本特征，而这一概念在不同研究者中间并不相同，内涵最为广泛的则包括所有的积石类遗迹。冢[46]内通常有墓，墓葬中出土造型精美、制作工艺成熟的玉器。牛河梁遗址玉器墓的发现可以追溯到 1979 年三官甸子城子山遗址[47]的发掘，这处遗址后来被列为牛河梁遗址第十六地点。

牛河梁遗址玉器的发现，为此前发现的如胡头沟等遗址出土玉器墓葬的年代判定提供了依据，牛河梁遗址墓葬在随葬玉器等方面的差异也成为认识红山文化晚期

图一〇　牛河梁第二地点全景

社会复杂化程度的重要标志。研究者多采用"唯玉为葬"[48]"一人独尊"[49]等概括牛河梁遗址的墓葬等级差异。对玉器的珍视和使用符合中国的崇玉传统，墓葬占据山梁顶端，又有明显高于地表的石构附属建筑，无形中增加了墓葬宏伟的视觉感受，与后世帝陵的选址颇为相似。

　　坛、庙、冢与后世的天坛、太庙和帝陵的类比为五千年前的文化与可见的历史遗产之间建立起了直观的联系，这也大大提升了牛河梁遗址的地位。牛河梁遗址的发现被誉为"中华文明曙光的象征"[50]，红山文化也被苏秉琦先生称为中国文化的"直根系"。牛河梁遗址所反映的高度分化的红山"古国"呼之欲出。

　　随着考古发现和资料信息的增加，对红山文化的认识进一步深入，开始了红山文化年代和类型的讨论，初步分析获得了北部遗存较早而南部遗存年代偏晚的认识。对红山文化的源流也有了更清晰的认识，初步确立了兴隆洼文化—赵宝沟文化—红山文化—小河沿文化的辽西区史前文化发展序列[51]。

牛河梁遗址这类以祭祀活动为主，周边未见日常生活居住性遗存的特征在区域考古调查中得到了新的佐证，蚌河、老虎山河流域的调查结果[52]显示，蚌河下游居住址密集，而老虎山河上游则以祭祀遗存为主，这表明红山文化中可能存在"专门的"祭祀活动区域。新的考古发现不断强化牛河梁红山文化晚期礼仪中心的重要地位，但却未能在此基础上提出更多可以深入认识红山文化社会的新证据。日常生活区与祭祀礼仪区的分离是社会分化的重要表现，但二者分化程度和表现的差异可能与社会分化的动因有关，前者的分化基于日常经济动力，后者则基于礼仪权力[53]，二者之间所形成的差异与联系是深入认识红山社会的重要方面。

然而，从牛河梁遗址的发掘开始，红山文化的两个主要区域大小凌河流域和西拉木伦河流域的考古发现就各有偏重，表现为红山文化分布区北侧遗存年代偏早，以居住址为主；南侧遗存年代偏晚，以墓地和祭祀活动遗存为主。虽然西拉木伦河流域的白音长汗[54]、南台子[55]等遗址也发现了红山文化的墓葬，大小凌河流域也不乏小东山[56]等居址发现，但却仍未能改变这一认识。

牛河梁遗址大量玉器的发现也推进了红山文化玉器的研究，并取得了众多的成果，玉器也成为红山文化器物研究最受关注的内容，关于玉器造型纹饰的来源、制作工艺，其在红山文化社会中的意义等也得到了充分的讨论。相关研究显示红山文化玉器多采用线切割、片切割、钻孔技法，结合平雕、圆雕、镂雕工艺并通过打磨加工成型，玉料可能来自贝加尔湖地区和辽宁岫岩地区，但从产地到墓葬的完整的玉器的制作和流通链还不清晰。辽西地区用玉传统起源于兴隆洼文化，器类主要有玦、凿、匕、管等，造型简单，在房址、墓葬中均有发现。红山文化玉器种类丰富且造型多样，基本只见于红山文化晚期墓葬内，部分器形可以从兴隆洼文化找到原型。研究者普遍认为红山文化继承了兴隆洼文化的用玉传统，兴隆洼文化玉器制作和使用与日常生活密不可分，而红山文化玉器更多是作为礼器成为红山人精神的载体。

《牛河梁红山文化遗址发掘报告（1983～2003 年度）》系统完整地公布了牛河梁遗址的考古发掘成果，牛河梁遗址也再度成为学界研究关注的重点。而与大规模礼仪中心相对应的大型居住址信息的缺失也引发了后续对牛河梁遗址社会复杂化程度的质疑，与如此大规模的礼仪性活动中心相关的居住形态，人群的生计方式，社会的组织结构等问题纷纷出现。牛河梁遗址这种性质相对特殊的遗存是否能够代表红山文化的普遍特征，牛河梁遗址的墓葬特征是否属于少数特殊人群，建造和使用牛河梁遗址的人群的日常生活和居住方式等也成为研究中需要解决的新问题，发现并发掘大型居住性聚落址，了解聚落的结构和布局是进一步探索红山文化社会性质的重要依据。

探寻与牛河梁遗址规模相匹配的红山文化人群的聚居区是解决上述问题的重点，而发现的红山文化遗址面积皆较小，重点对居住遗存的探索最为显著的成果就是魏家窝铺遗址的发掘。

魏家窝铺遗址位于内蒙古自治区赤峰市红山区文钟镇魏家窝铺村东北约 2 公里的丘陵台地上[57]，环壕内面积约为 9.3 万平方米，环壕内外区域面积合计为 10～15 万平方米。壕沟、房址之间的早晚关系显示魏家窝铺遗址经过几次小规模的扩建，延续使用了较长的时间，为认识红山文化时期人口和社会规模与生产、生活方式的变化提供了资料。除红山文化的典型遗物之外，还出土了圜底釜、支脚、钵形鼎等具有后冈一期文化因素的器物，为红山文化与周边考古学文化关系的讨论提供了新的线索，同时也为看似清晰的红山文化的来源增加了更多讨论的空间。

魏家窝铺遗址的发掘除了为认识红山文化的器物特征、聚落形态等提供了新的信息之外，植物、动物、人类食谱等信息的发现也为红山人的生产和生活方式的讨论提供了新的资料。但其遗存的主要年代为红山文化早、中期，与红山文化晚期常见的大型祭祀礼仪活动中心之间的年代差异仍然存在，社会经济的发展与意识形态的强化之间的关系依然存疑。

西台遗址[58]发现和发掘工作的开展较魏家窝铺遗址更早，发现了南北两个环壕聚落，面积约 5 万平方米。虽然西台遗址规模不大，但南侧的环壕聚落的三门道

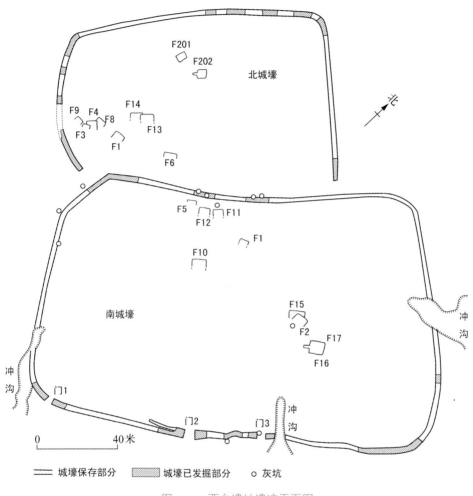

图一一 西台遗址遗迹平面图

出入口显示聚落或其中生活的人群可能级别较高（图一一）。

这一阶段对居住址的发掘，虽未能解决红山文化居住和生活方面信息不完全的问题，却在一定程度上丰富了我们对红山文化居住址的认识。与此同时，墓地的考古工作也取得了新的进展。

田家沟[59]、半拉山[60]墓地与牛河梁遗址的年代较为接近，为认识红山文化晚期的墓葬特征提供了新的资料。

田家沟墓地与牛河梁遗址直线距离约 50 公里，由沿山脊分布的四个地点组成，四个地点皆延续使用，不同地点的堆积情况略有差异。石棺墓、随葬品以玉器为主的特征与牛河梁遗址相同，石棺中设置脚厢并在脚厢内放置彩陶盖罐的特征在牛河梁遗址已发表的材料中未见。

半拉山墓地位于辽宁省朝阳市龙城区召都巴镇尹杖子村东北的山梁上，是一处延续使用的红山文化墓地，虽年代与牛河梁遗址相近，但埋葬特征却与牛河梁略有不同。随葬玉器以装饰类的璧、镯为主，亦可见相当数量的工具类器物，如斧、钻等，而少见勾云形玉器等可能与墓主特殊职能相关的器物。虽然在区域延续使用的最晚期也可见积石堆积，但在墓地延续使用过程中未见积石，墓葬也表现出与牛河梁遗址并不相同的变化规律。

田家沟和半拉山墓地的发掘为认识红山文化墓葬的特征提供了新的信息。

随着考古资料的增加，研究内容也不断丰富和扩展。分期仍是最主要的研究内容，分期结果从前一阶段的两期进一步细化为四期，确认了红山文化的发展历程大体相当于中原地区的后冈一期文化（半坡文化时期）—庙底沟文化（西阴文化）—半坡四期文化时期[61]。资料较为丰富的牛河梁遗址则可在此基础上继续细分[62]，细致的年代框架为比较研究提供了依据。

牛河梁遗址的发现引发了学术界关于中华文明起源的第一次大讨论，也将红山文化的研究推向了前所未有的高度，与文明起源的探索紧密相连。在东山嘴、牛河梁遗址发现之初，苏秉琦先生即提出"红山文化坛庙冢，中华文明一象征"。郭大顺先生也认为红山文化的坛、庙、冢是当之无愧的中华五千年文明曙光的象征。牛河梁遗址所反映的社会分化、社会组织无疑代表了红山文化发展的高峰，而全面认识其社会的发展程度仍需要更为严谨的论证。作为社会公共活动场所的"坛"和墓地（积石冢）、墓葬中出土的玉器成为探讨红山社会发展的重要切入点，研究者逐渐开始从红山文化社会组织结构、社会发展阶段以及社会复杂化进程等方面全方位地对红山社会进行剖析。除了围绕牛河梁遗址的发现开展的讨论之外，红山文化的经济形态、社会形态、发展程度等也受到持续关注。

这一时期，各地的考古发现和研究成果不断涌现，与考古发现的增加相伴随的是，原来看似清晰的红山文化的源流问题又有了新的观点，有学者提出红山文化是中原地区考古学文化不断北上影响变化的结果，红山文化受后冈一期文化的影响，甚至可能是后冈一期文化的移民深入辽西山地而创造的文化[63]；也有学者根据双耳壶的相似性，提出红山文化是镇江营一期文化在西阴文化的推动下向西辽河上游拓展的产物，是镇江营一期文化的一支与西阴文化融合重组的结果[64]。

对红山文化的认识不过是管中窥豹，无法识其全貌，期待随着新的考古发掘和研究工作的开展，更多问题的提出可以对红山文化有更为深入的了解。

第三节　初步认识与存在的问题

红山文化是燕山南北地区发现最早，也是最早得到命名的考古学文化，考古工作的开展，不断丰富红山文化的内涵。西水泉、蜘蛛山、四棱山遗址的发掘极大丰富了红山文化的整体面貌；胡头沟、城子山遗址的发掘揭开了学术界对红山文化积石冢的认识；东山嘴、牛河梁坛庙冢礼仪建筑的发掘更是给学术界带来了震动，引发了中国文明起源研究的热潮，是中国文明起源研究的重要里程碑，也为苏秉琦先生区系类型理论的构建提供了证据。进入 21 世纪以来，不断加强新的考古学方法、理念和技术手段在考古工作中的应用，除传统考古学方法之外，注重科技手段的应用，获得了一批新的研究成果，对红山文化的认识得以更加深入。研究涉及分期[65]、源流[66]、经济形态[67]、社会性质[68]、原始宗教[69]以及文明起源等多个方面，在认识扩展的同时，新的考古发现和研究又提出了新的问题。

1. 年代框架

分期、确定准确的年代框架是系统研究的基础。随着考古资料的丰富，红山文化的分期方案逐渐细化，分期结果从最初的两期逐渐细化为四期，大体确认红山文化的发展历程大体相当于中原地区的后冈一期文化（半坡文化时期）—庙底沟文化（西阴文化）—半坡四期文化时期。依据牛河梁遗址的发现，红山文化晚期遗存的分期还可以进一步细化。细致的分期为红山文化研究的开展奠定了基础。

由于红山文化遗址延续时间通常较短，遗址之间也缺乏明确的地层关系，无法为年代划分提供有效参照。红山文化的分期多是依据中原地区建立起来的文化序列完成的，虽然可以确定文化的总体发展脉络，但对具体遗址的年代判定仍存在争议，根据遗物判断具体遗址的年代时仍要面临无法与分期所设定的标型器对应的问题。

2. 源流

大量具有中原文化特征遗物的出土表明红山文化与周边考古学文化曾发生持续而稳定的文化交流，而这也引发了关于红山文化起源问题的讨论。此前，红山文化是在本地考古学文化的基础上与中原仰韶文化互动而形成的新的考古学文化的观点曾被较为广泛的接受。但有新的观点认为红山文化是来自后冈一期文化的移民接受了本地的文化而形成的，虽然都认为红山文化是文化交流与碰撞的结果，但文化主体存在明显不同。20世纪末形成的辽西地区兴隆洼—赵宝沟—红山—小河沿的文化发展演变序列也受到了新的挑战。关于红山文化同与其年代略有先后的赵宝沟文化、小河沿文化的关系也存在不同的意见。

3. 玉器研究

红山文化玉器的研究成果也相对丰富，内容涉及玉器的加工工艺、造型纹饰的来源、文化交流、礼制与社会规范等方面。辽西地区的用玉传统起源于兴隆洼文化，红山文化玉器种类丰富且造型多样，部分器形可以从兴隆洼文化找到原型，研究者普遍认为红山文化继承了兴隆洼文化的用玉传统。

研究显示红山文化玉器采用多种技法制作成型，原料来源多样，从产地到墓葬的完整的玉器制作和流通链还不清晰。兴隆洼文化玉器制作和使用与日常生活密不可分，而红山文化玉器更多是作为礼器成为红山人精神的载体。

4. 文明起源

红山文化坛、庙、冢的发现引发了学术界关于中华文明起源的第一次大讨论。在东山嘴、牛河梁遗址发现之初，苏秉琦先生即提出"红山文化坛庙冢，中华文明一象征"。

红山文化晚期作为社会公共活动场所的"坛"和墓地（积石冢）、墓葬中出土的玉器成为探讨红山文化宗教与礼仪活动的重要切入点，有研究者指出牛河梁遗址随葬玉器的墓主可能为巫师或是萨满，是红山文化晚期社会的领导群体。而红山文化晚期崇尚玉器和偏重祭祀等礼仪行为的迹象显示出红山文化不同于中原和长江流域的文明特征。但是，与牛河梁遗址大型祭祀礼仪活动遗存规模相当的居住区的缺乏以及能够产生足够剩余产品的农业发展水平证据的不足都使这种认识遭到了质疑，关于红山文化社会发展进程的研究仍需进一步探索。

5. 生业形态

动物考古学研究结果显示遗址出土动物骨骼中野生动物种类丰富，所占比重大，加上出土的大量细石器均反映出红山文化居民较为依赖狩猎活动获取食物。而遗址中出土有一定数量的炭化农作物粟、黍种子，反映了红山文化可能存在一定程度的农业经济，但可能仍较为粗放。非以农业为支柱产业的史前文化如何支撑牛河梁遗址所显示的大型礼仪性活动的中心性礼仪建筑群受到了诸多研究者的质疑。

当前的研究可以初步确认红山文化的筒形罐、玉器等特征都延续自本地更早时期出现的筒形罐传统的考古学文化。虽然研究的范围相对较广，但却较少达成一致的意见，我们对红山文化的认识仍相对有限，认识红山文化仍然需要做很多的工作，仍然任重道远。

第一章

红山文化的兴起

根据目前获取的年代测定数据，学术界普遍认为红山文化兴起和延续发展的时间约在距今 6 500～5 000 年。这一时期总体处于全新世大暖期最为暖湿的阶段，其间虽有小尺度的温度波动，总体气候相对温暖湿润[1]。直至距今 5 000 年气候才开始向干凉波动性变化[2]。孢粉分析[3]显示植被以森林草原植被为主。温暖适宜的气候环境带来了人口的增长与经济的繁荣。调查显示，与兴隆洼、赵宝沟文化时期相比，红山文化的遗址数量和遗址面积都出现了明显的增长，遗址数量多、分布密度大，显示区域人口数量的显著增长和小型居址的逐渐增加[4]。与此同时，得益于气候环境的变化周边考古学文化也迎来了大发展的时期。中原地区的后冈一期文化、半坡文化、西阴文化（庙底沟文化）等都日渐繁荣。人口规模的增加带来了人群生活范围的扩大，文化接触和交流的机会也有所增加。

了解文化的性质和特征是全面认识文化的基础，关于红山文化性质和特征的讨论自红山文化遗存发现之初一直持续至今，形成了几个主要的观点：

① 红山文化是由分别以彩陶、泥质陶和夹砂筒形罐为代表的南北两种文化因素等量共生而形成的新的文化（类似于混合文化）[5]，此种观点出现于红山文化发现之初，着重于对文化现象的说明，彼时考古发现有限，无法对红山文化性质做出准确解读。

② 无论是对外来文化因素的主动吸收或外来文化对本地传统的主动影响，皆以本地文化和人群为主体，将对传统的继承和对周边文化因素的吸收与利用作为红

山文化发展的基调。

红山文化是受仰韶文化影响并继承本地筒形罐文化传统而形成的，是以本地传统作为主体，主动吸收其他地区的优秀文化传统而形成的新的考古学文化。形成了包含筒形罐、彩陶器在内的陶器群，将以鳞纹为代表的彩陶纹饰作为红山文化的标志性特征[6]。彩陶和泥质红陶等外来器物或受外来文化影响的器物被红山人接受并赋予其重要的社会意义，用以表达精神需求。红山文化与仰韶文化的交流与碰撞促进了红山文化晚期社会礼仪中心——牛河梁遗址的繁荣和发展[7]。在此基础上，郭大顺先生将红山文化的兴起视作心态开放的渔猎文化人群接受了来自其他地域的先进文化因素并与本土文化有机结合的结果，是仰韶文化在红山文化的"落地生根"[8]和进一步发展。

③ 以外来文化和人群为主体形成的新的考古学文化。红山文化是华北平原人群直接迁移的结果，在红山文化发展的过程中每一阶段的变化都是中原地区考古学文化变动的结果[9]。

无论哪一种观点都显示，文化间的交流与互动在红山文化形成与发展过程中发挥了重要的作用。

第一节　本地传统的继承与发展

在红山文化之前，区域内相继出现了兴隆洼文化、赵宝沟文化等以之字纹筒形罐为典型器物的考古学文化，文化特征的相似性使得这些史前文化在正式得到考古学文化命名之前，被概括地称为"红山诸文化"[10]。以石器和之字纹筒形罐为典型特征的红山文化无疑继承和发扬了本地早已存在的文化因素。

一、筒形罐的继承与演变

在红山文化的所有器物中，筒形罐是最无疑问的北方系陶器，从辽西地区目前能够确认年代最早的小河西文化一直到距今4 000年前后的小河沿文化都以筒形罐为主要的陶器类型，夏家店下层文化中的筒腹鬲则应是筒形罐的孑遗，而北方地区至今仍能见到的陶缸也与筒形罐的特征颇为相似，筒形罐在这一区域内延续了相当长的时间，是最为显著的本地文化传统。

之字纹筒形罐是辽西地区史前考古学文化中最为典型的器物，兴隆洼、赵宝沟、富河、红山文化都发现有之字纹筒形罐，筒形罐作为北方地区长期延续存在的器类，虽然总体特征较为相似，不同考古学文化筒形罐的器形和纹饰特征略有变化。

兴隆洼文化的筒形罐有直腹、斜直腹和深弧腹几种，器形较为瘦高、口底比小，流行三段或两段式纹样布局：口下施弦纹，其下为带有纹饰的附加堆纹带，最下为主体纹饰，两段式纹样布局则不见中间的附加堆纹带。主体纹饰以之字纹为主，还有一定数量的交叉划纹、网格纹、人字纹等。之字纹还存在横压竖排和竖压横排的区别（图一二）。

赵宝沟文化在直腹和斜直腹筒形罐之外，出现了口底比数值较大的弧腹筒形罐，纹饰中除了之字纹之外，还可见相当数量的几何纹，兴隆洼文化筒形罐中段

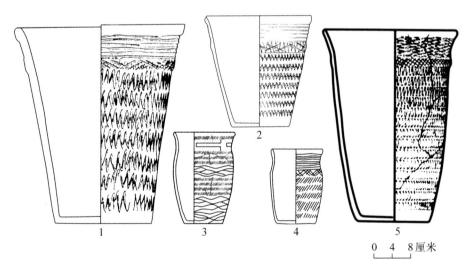

图一二　兴隆洼文化的筒形罐

1.兴隆洼遗址出土　2.白音长汗遗址出土　3～5.查海遗址出土

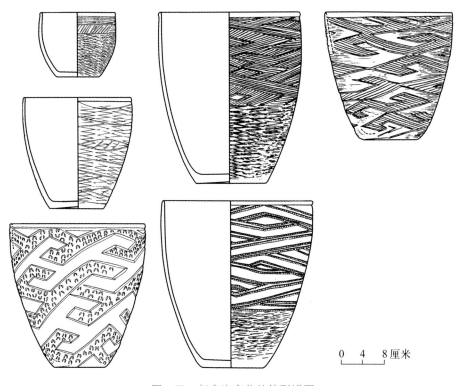

图一三　赵宝沟文化的筒形罐图

0　4　8厘米

附加堆纹上的以之字纹或斜线纹作为底纹的双层纹饰则被赵宝沟文化继承和发扬，成为筒形罐上的主要纹饰，之字纹也作为以几何纹为主体的双层纹饰的底纹出现（图一三）。

红山文化筒形罐以斜弧腹为主，从器形上看与赵宝沟文化的弧腹筒形罐更为相似，口底比增大，腹部斜弧更加明显，器形也从赵宝沟文化的相对瘦高转向矮胖。纹饰以之字纹为主，不见几何纹，新出现了刻划纹，部分刻划纹的特征与赵宝沟文化双层纹饰的底纹相似。筒形罐口部的细泥条附加堆纹或戳印纹，口或腹部出现的泥片堆塑的器钮是红山文化筒形罐最具特色的纹饰特征（图一四）。

在辽西地区延续发展的考古学文化都采用了筒形罐作为主要的器物，在继承此前器物及纹饰特征的基础上，发展出具有各自文化特征的筒形罐造型和纹饰。

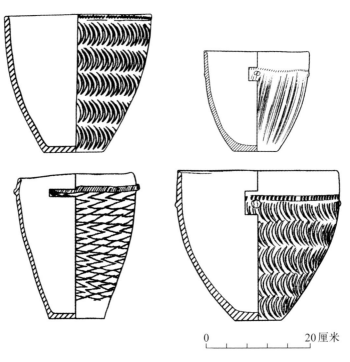

0　　　　　　　　　　　　20厘米

图一四　红山文化筒形罐

斜口器在辽西地区的赵宝沟文化中最早出现。与筒形罐一样，斜口器形制变化并不明显，但纹饰皆与各自考古学文化中流行的筒形罐的纹饰特征一致。筒形罐与斜口器是在北方地区出现并流行，且不见于同时期中原地区考古学文化的器物，因此是最为明显的可以被划归本地系统的文化要素。

器形和纹饰特征的相对连续而稳定的变化显示本地的筒形罐传统的延续和发展。

二、筒形器形制的回归

筒形器以其内部中空的造型而得名，在多个考古学文化中都有发现，但形制各有不同。牛河梁遗址是发现筒形器形制变化最为丰富的红山文化遗址，从出土位置来看，在牛河梁遗址中形制不同、年代略有早晚的筒形器在功能上并无明显差异，虽然其所圈定的"墓域"范围大小有别，但其功能应基本相同。根据形制的差异可以分为五型[11]（图一五），其中的 A 型、B 型筒形器分布范围最广，在多个遗址都有发现，是墓葬或礼仪活动区的重要标志。

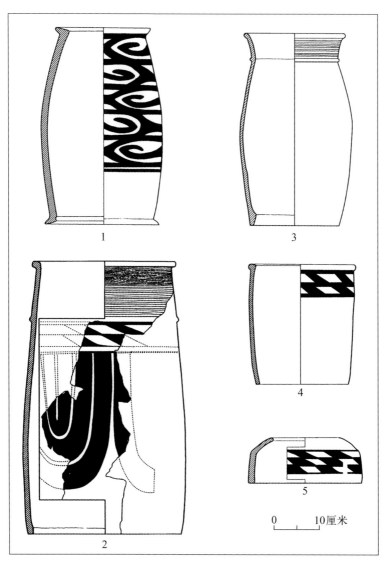

图一五　牛河梁筒形器分类示意图

1.A 型　2.B 型　3.C 型　4.D 型　5.扁钵式

根据牛河梁遗址的地层关系，这些高矮不同、造型各异的筒形器存在年代上的早晚关系。不同形制的筒形器在牛河梁遗址有着各自较为明确的流行时间，如A型筒形器的使用主要在下层积石冢阶段，B型筒形器多见于上层积石冢阶段，虽然C型（或称折沿筒形器）的年代研究者有不同的看法，但基本可以确定晚于A型筒形器的流行时间。在A型和B型筒形器之间短期存在一种口部形态与A型筒形器近似，底部特征与B、C型筒形器相同的D型（或称短体筒形器）。筒形器的造型略有差异，但使用位置基本一致，即虽然器形发生变化，但功能并未改变。

A型筒形器年代较早，主要见于牛河梁遗址下层积石冢阶段，保存在原位的筒形器环形排列在墓葬的外围，以圈定墓域。口部出沿、底部外撇，形制较为相似，口径较底径略小，有红陶衣，少量陶器另施黑彩。陶衣及黑彩多施至下腹部，近底部无纹饰。彩陶纹饰也相对简单，见单勾涡纹和双勾涡纹两种，以单勾涡纹为主，纹饰二方连续分布，以纹样带排列方向上的变化使其显示出多样化的特征。

上层积石冢阶段不仅筒形器的数量增加，也出现了器形上的分化，其中B型筒形器发现的数量最多，从形状上与下层积石冢阶段的筒形器差别明显，但延续了口径小于底径的特征。器表以器腹上部的凸棱为界分为上下两段，上段施弦纹，下段为主体部分，黑彩多施于此。造型相近的还有目前主要发现于第一地点的C型筒形器（折沿筒形器）。器物造型及纹饰特征与B型筒形器基本相同，差异在于C型筒形器的口部外敞，凸棱位置弯折内收。

与A型筒形器相比，上层积石冢阶段筒形器的纹饰构成也更为丰富，不再以单一纹样带组合构成器表纹饰，而出现了多种纹饰的组合。前一阶段流行的双勾涡纹仍然延续，并与其他新出现的纹饰以多种组合方式排列，构成变化多样的器表纹饰。

结合D型筒形器的制作特征，从A型筒形器到B型筒形器在制作特征上存在明显的连续性，但从形制和纹饰两方面，筒形器的特征都发生了明显的变化（图一六）。

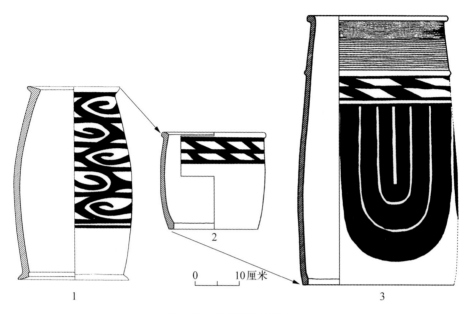

图一六　筒形器的形制演变

1.A 型筒形器　2.D 型筒形器　3.B 型筒形器

　　B、C 型筒形器从形制到纹饰特征皆与兴隆洼文化三段式纹样布局的筒形罐更为相似，纹饰皆采用最上段为弦纹、中间略外凸、最下为主体纹饰的三段式纹样布局（图一七）。

　　差别在于兴隆洼文化筒形罐的第二段纹饰为附加堆纹，相对较宽，而筒形器上的第二段纹饰为刮削形成的凸棱，相对较窄。筒形罐的主体纹饰压印或刻划而成，以之字纹为主体，纹饰制作采用分片施纹和分段施纹两种方式；筒形器的主体纹饰为彩陶，先施红陶衣，而后绘黑彩，纹饰变化较为多样。

　　而从器物的变化上来看，兴隆洼文化的筒形罐采用腹、底分别制作的方式，无论帮包底还是底包帮，都可能在使用过程中发生底部脱落的情况，而底部脱落的筒形罐，在造型上则与红山文化的筒形器基本一致。虽然从兴隆洼文化到红山文化之间存在着相当长的年代跨度，以新的彩陶的形式再现本地的传统特征也是红山文化对传统继承和发扬的表现。

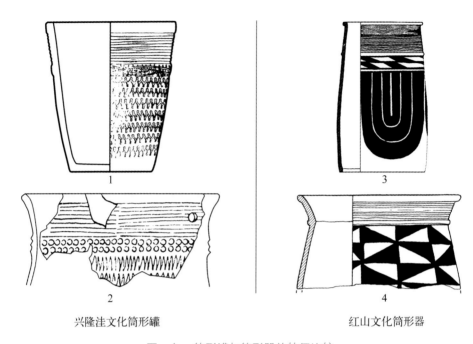

兴隆洼文化筒形罐　　　　　　　　　　红山文化筒形器

图一七　筒形罐与筒形器的特征比较

1. 白音长汗 BF3 ④：1　2. 大沁他拉 W2：010　3. 牛河梁 N2Z4A：20　4. 牛河梁 N1J3：10

三、玉器种类的丰富与功能扩展

红山文化出土了大量造型精美的玉器，皆表现出了较为成熟的特点，这也是红山文化玉器发现之初曾被认为是商周时期遗物的主要原因。而在红山文化之前的兴隆洼文化中也发现了相当数量的玉器，对玉器的喜爱是延续自兴隆洼文化的重要传统。

兴隆洼文化玉器种类不多，主要包括工具类的斧、凿，作为装饰品的玦、管和匕形器等，造型相对简单，做工精致、素面无纹（图一八）。

红山文化玉器除继承和沿用兴隆洼文化便已经出现的玦、管、斧之外，还新增了多种形制的器物，有研究者[12]根据玉器造型和功能的差异将其分为装饰类、工具类、仿生类、特殊类等多种，每一种类之下都包含多种器物，足见红山文化玉器种类之繁盛。与兴隆洼文化相比，红山文化中出现了大量的仿生动物造型的玉器，

图一八　兴隆洼文化玉器

在此基础上还出现了集多种特征于一身的
"组合型"器物（图一九）。

玉璧是红山文化新出现的玉器类型，
呈方形或不规则圆形，璧面中凸，刃状缘，
此类玉器虽非直接继承自本地更早的兴隆
洼文化，却是北方地区较早时间就已经流
行的玉璧形制，最早的此种造型的玉璧可
以追溯至距今 9 000 年前的小南山文化。

造型特殊、纹饰复杂的勾云形玉器在
规范的造型之下也出现了多样的变化[13]
（图二〇）。

除了传统的工具类和装饰品类的玉器
之外，新出现的特殊造型的器物可能与特

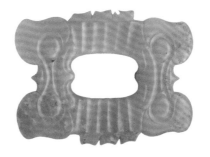

图一九　组合型玉器示例

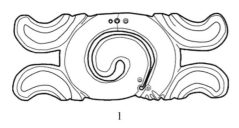

图二〇 勾云形玉器分类

1. N2Z1M14 出土单勾型
2. N2Z2M22 出土双勾型

殊的礼仪活动相关，是红山文化的礼仪用器。

红山文化造型多样的玉器主要出土于墓葬，但这些器物并非单纯的随葬品，在玉器上出现的破损及修整都表明玉器也是红山人生活中会频繁使用的器物。不仅随身佩戴、使用频率最高的玉镯[14]在修复后继续使用，大型器物的修复和使用也很常见。目前经过修复并继续使用的器物中，以勾云形玉器最为常见，根据破损程度的不同采用了不同的修复方式。

N5Z1M1 勾云形玉器外侧卷勾边缘见多处破裂痕，通过对破裂面的打磨修整继续维持器形的完整[15]。器物破损后的多次修复则表明在器物修复后仍被继续使用（图二一）。N2Z1M14 勾云形玉器的两次修复的方式略有差异，第一次修复选择了更能维持其纹饰完整性的方式，借助弯钩形镂空的斜壁制作隐形的隧孔，而第二次的修复则选择了更简便且能维持器物牢固性的断裂面两侧的对钻孔[16]。N16M15 勾云形玉器修复时选择在器表瓦沟纹区域钻修复孔，在两修复孔之间打磨凹槽，凹槽基本与瓦沟纹重合并略有加深，可以更加有效隐藏修复线，保持器表纹饰的完

图二一 破损玉器的修整

整。N2Z1M24 经过两次修复，第一次修复较为精细，从钻孔位置的确定、钻孔间连接修复线的凹槽都显示出修复者在维持器形及器表纹饰方面的努力，而第二次修复则明显较为粗糙，两修复钻孔之间的凹槽无法对应且断裂面的加工也较为粗糙，虽然也保留了钻孔之间的凹槽，但凹槽不再起到隐藏和固定修复线的作用。可能第二次修复与勾云形玉器从实用的礼仪用器向作为象征意义的礼仪用器（随葬品）的转变有关（图二二）。

即便传统上作为装饰品的玉器，红山人也赋予了了更多的社会意义，如作为饰品的镯环类玉器的使用还承担着社会对于性别或性别分工的区分[17]。红山文化的玉器已经在装饰、工具的意义上向更具象征意义的礼器方向转化。

图二二　勾云形玉器的拼缀复原

四、从积石墓到积石冢——埋葬方式的传承与发展

目前发现的红山文化墓葬多集中在红山文化晚期，积石冢被认为是红山文化最为典型的墓葬特征[18]。积石冢这一概念所涵盖的内容并不完全相同，此概念最早的提出者为积石冢做了严格的限定，将"以石垒墙、以石筑墓、以石封顶"的遗迹称为积石冢[19]，若考虑到石墙、石棺墓和积石的共时性，符合此严格意义积石冢概念的墓葬目前仅见牛河梁遗址几个规模较大的墓葬、胡头沟遗址的 M1，而无法涵盖红山文化甚至牛河梁遗址所有墓葬的特征[20]。从研究者的表述来看，被广泛接受的积石冢是包含石墙、石棺墓和积石的多种遗迹的相对集中的分布区，是分布较为集中、边界较为清晰、延续使用的墓地或墓葬群的代称，将墓葬、墓上或墓地上积石作为判断积石冢最为重要和直观的标准，积石冢的三要素皆为其最小遗迹单元之一，有积石无石墙[21]、有积石无石棺[22]的墓皆涵盖其中。

根据积石边界所涵盖的内容，积石冢可分为一冢一墓和一冢多墓两种形式[23]。一冢一墓见于牛河梁遗址第二地点 Z4 下层积石冢阶段，长方形竖穴土坑墓，坑壁局部贴砌石板，在墓葬外围以墓葬为中心放置筒形器一圈，直径约6～7米，筒形器范围内堆积小石块，在筒形器所圈定区域内还发现塔形器残片（图二三）。

图二三　牛河梁遗址下层积石冢阶段墓葬

　　一冢多墓代表不同时期连续使用、统一规划的埋葬区，牛河梁遗址的多个地点都有发现，第二地点则由多个边界清晰的埋葬区组成。以积石堆积的范围作为积石冢的边界，与其他积石冢区分开来，即便相距较近，如第二地点的 Z1 和 Z2，二者之间仍界限分明。

　　积石冢多有石墙，并在石墙边放置筒形器，分析表明筒形器与石墙关系最为密切，其形成时间与墓地内规模最大的墓葬相近，而其他墓葬可能在大墓葬入之前便已存在或是在大墓之后葬入墓地的（图二四）。

　　虽然同一地点多个积石冢的石墙出现的时间略有早晚，但都遵循相同的布局规律：大型墓葬位于积石冢的北侧，而中小型墓葬则相对集中于积石冢的南侧。

　　从一冢一墓到一冢多墓，虽然积石冢的外形发生了从圆形边界向方形边界的变

图二四　红山文化积石冢（N2Z2）

化，但墓上积石和在主要墓葬外围摆放筒形器的要素基本相同，这种变化应是人口增加和社会组织层级的复杂化在埋葬方式上的反映。

　　墓上积石的特征则可追溯至兴隆洼文化。白音长汗遗址[24]的兴隆洼文化积石墓，还可细分为积石石板墓和积石土坑墓两种[25]，墓上积石基本可以完整覆盖墓圹范围，其中积石石板墓的M5在墓上积石的外围规整摆放了石块，整体近似圆形（图二五）。

　　墓上积石且设定边界的做法与牛河梁遗址下层积石冢阶段墓葬较为相似，差别仅在于至红山文化时期积石冢的边界选择了更为明显的筒形器。

　　除了墓葬特征的相似性之外，白音长汗遗址发现的红山文化早期墓葬中出土的

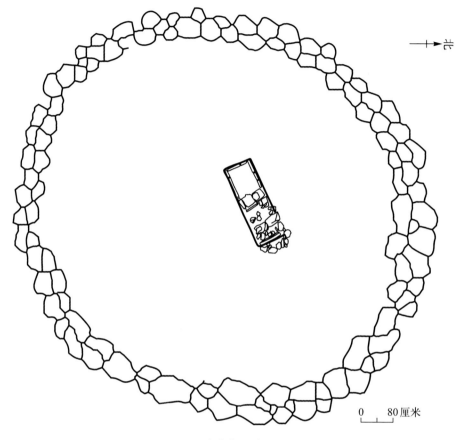

北

0   80厘米

图二五　白音长汗遗址积石墓

玉器有玉玦和玉管，二者的形制特征也与兴隆洼文化墓葬出土玉器基本相同，墓葬
与随葬品特征的相似性都表明，红山文化早期的墓葬应是继承了兴隆洼文化的墓葬
特征。

　　红山较早阶段的墓葬仅在白音长汗、南台子遗址发现，埋葬区与居住址距离较
近，墓葬特征较为多样，不仅墓主头向差别较大，还存在直肢葬和屈肢葬等多种葬
式，积石石棺墓、积石土坑墓并存，墓上积石成为葬式、埋葬方式不同的墓葬的共
同特征。

　　随着红山文化晚期埋葬区和居住区逐渐分离，魏家窝铺、西台、兴隆沟等遗址

皆未发现墓地，而牛河梁、草帽山、田家沟等遗址却都发现了多个埋葬区，半拉山遗址则出现了墓葬的集中埋葬。墓葬特征也趋向一致，以仰身直肢葬为主，基本不见屈肢葬。

墓上积石是从兴隆洼文化延续到红山文化的重要埋葬特征，红山文化的墓葬特征继承自兴隆洼文化，白音长汗遗址发现的石棺墓除随葬品为陶筒形罐之外，与红山文化牛河梁遗址所发现的基本相同，可能属于一脉相承的文化传统。积石冢由更早出现在辽西地区的积石墓发展而来。

第二节　外来文化因素的融合发展

红山文化在形成与发展过程中，不仅实现了对本地文化传统的继承和改造，使之以全新的特征展现出来，同时还以开放的态度接纳来自其他文化的各种要素，包括技术、装饰等，重新为"我"所用，并将之有效融入自身的文化系统中，内化成为红山文化不可分割的要素。

一、彩陶的出现与发展

在彩陶出现之前，红山文化的制陶工艺已经有了很大的提升，已经可以烧制红陶、灰陶甚至黑陶，但纹饰的制作则一直以压印、刻划等施纹方式为主。红山文化彩陶从出现伊始就表现出较为成熟的特征，无论是制作工艺还是纹饰特征，都未见彩陶草创阶段的各种尝试，也看不到生产技艺逐步完善的过程，这让人不得不联想到是受了更早出现在其他地区的彩陶的影响，彩陶的制作可能是以一种较为成熟的工艺进入红山文化中的。而彩陶在中原地区特别是仰韶文化中已经得到了极大的丰富和完善，这也是红山文化遗存发现之初被认为是仰韶文化的北方变体或是受到仰韶文化影响的主要原因。

有研究者提出红山文化彩陶并不是对仰韶文化彩陶的全盘接受，而是在纹饰上受到仰韶文化影响，但又有自身的独特性[26]。

郭大顺[27]将红山文化彩陶纹饰归纳为勾连花卉纹、几何纹、垂鳞纹和龙鳞纹三个大类，提出勾连花卉纹（勾连涡纹）来自仰韶文化庙底沟类型（庙底沟文化），是红山文化彩陶受到庙底沟文化彩陶"花"的特征影响的重要见证；几何形图案可能与西亚彩陶有关；龙鳞纹的造型来自赵宝沟文化中的刻划图案。红山文化彩陶的制作吸收了仰韶文化彩陶生产技术，龙鳞纹和垂鳞纹则是在仰韶文化的彩陶技法影响下创造出来的具有红山文化自身文化特点的彩陶图案。

庙底沟文化彩陶有红、白、黑三色，常见红色与黑色、白色与黑色的组合，也可见红、白、黑三色组合，以白色为地纹，以黑、红色绘彩纹[28]。红山文化彩陶的颜色较为简单，不见白色，以黑、红二色为主，红色多为红陶器本身的颜色或表面另外施的红色陶衣，根据组合方式还可以分为红地红彩和红地黑彩两种，以红地黑彩的数量最多。目前在居住址[29]中可见红地红彩和红地黑彩陶器共出，而在墓地中则多只见红地黑彩。由于发表资料少，尚无法确定两种彩陶是存在使用环境差异抑或是年代略有早晚。

彩陶纹饰的构成可以分为纹样带、纹饰母题、基本纹饰单元几个不同的层次，不同层次纹饰特征根据一定的布局原则重新组合形成各具特色的彩陶纹饰。

红山文化彩陶的基本纹饰单元与其他考古学文化中所见基本相同，由直线、弧线和几何纹构成，几何纹则包括三角形、菱形等多种形式，但不见庙底沟文化中最为常见的圆点纹。

基本纹饰单元的不同组合形成了勾连涡纹（又称勾连花卉纹[30]，包括单勾、双勾两种）、龙纹（包括垂鳞纹、鳞纹）、伞盖纹、旗帜纹等独具特色的纹饰母题。双勾涡纹的纹饰母题由两个三角及弯勾构成的基本纹饰单元横轴对称交错排列构成；伞盖纹则由放射状排列的直线与半圆组成；旗帜纹则由变体细三角纹和直线组成。

纹饰单元或纹饰母题的规律性排列构成纹样带，可以同一纹饰母题或纹饰单元二方连续构图，也可见由多个母题或纹饰单元共同规律性排列构成纹样带，如平行线纹与单勾涡纹的组合。

多条纹样带共同构成器表纹饰，既可见单一纹样带的重复排列，也有以平行线纹作为分隔的，还可见不同纹样带的组合。虽然存在多种组合方式，但主次分明，仍以某一纹样带作为纹饰主体。

与半坡、庙底沟文化彩陶器多为钵、盆等不同，红山文化彩陶的应用范围更广，彩陶器见罐（非筒形罐）、壶、钵、盆、盘、筒形器、塔形器等多种形制的器物，根据器形的不同设计纹样带的组合方式，如伞盖纹多以器口为中心施于罐或壶的肩部，或在器身不同位置选用不同的纹饰以增加器表纹饰的变化。

勾连涡纹（勾连花卉纹）是通常被认为与庙底沟文化彩陶上的花瓣纹最为相似的彩陶纹饰，更有学者[31]明确指出"涡纹彩陶"即是花瓣纹的变体。

庙底沟文化花瓣纹彩陶的构图元素包括圆点、弧线、斜线和三角纹[32]，红山文化的勾连涡纹的构成要素则主要为三角纹和弧线纹，其中的双勾涡纹与庙底沟花瓣纹的构图略有相近，保留有双旋的特征，但纹饰带的构成则更为简略，不见其他纹饰单元。

二者的纹饰特征变化并未显示出明显的相关性，虽然都存在由繁到简的变化过程，但变化趋势各自相对独立。红山文化双勾涡纹逐渐简化，并逐渐从以单一纹饰占据器表演变为与其他纹饰组合共同构成器表纹饰[33]（图二六）。

单勾涡纹以弧线纹饰为主，纹饰特征与庙底沟文化的花瓣纹的局部要素略有相似，也显示出逐渐简化的趋势，从较大范围内较为普遍出现的规范纹饰，到略显潦草的简化纹饰，直至最后消失，单勾涡纹也曾在红山文化中普遍流行。纹饰也未显示出与庙底沟文化花瓣纹彩陶同步变化的趋向。

而从纹饰的载体来看，庙底沟文化的花瓣纹主要绘制于陶盆上，红山文化的勾连涡纹在盆、罐、瓮乃至筒形器、塔形器上都有发现。从多种特征的比较来看，勾连涡纹的形成可能受到了来自庙底沟文化的影响，而纹饰的发展演变则相对独立。

虽然彩陶是红山文化新出现的一种陶器种类，对于原料的认识和烧制工艺都提

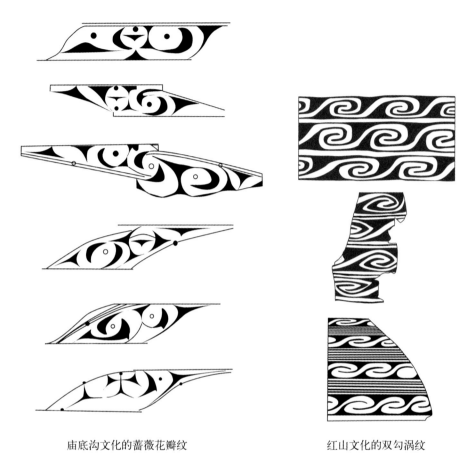

庙底沟文化的蔷薇花瓣纹　　　　　红山文化的双勾涡纹

图二六　蔷薇图案与双勾涡纹的比较

出了新的要求，但彩陶纹饰的构成方式与区域内长期流行的纹饰相同。

　　多道纹样带构成器表纹饰，并在此基础上突出重点纹饰是区域内长期流行的纹饰构成方式，多个纹样带共同构成器表纹饰最早见于兴隆洼文化筒形罐上的三段式纹样布局，由弦纹、附加堆纹和其下的主体纹饰共同构成器表纹饰；稍晚的赵宝沟和红山文化中也出现了由几何纹与之字纹或排列方向不同的之字纹构成器表纹饰的纹饰布局方式。分段构图的纹饰布局模式，完全继承了本地的文化传统。

图二七　彩陶龙鳞纹来源示例
1. 红山文化彩陶纹饰　2. 赵宝沟文化刻划纹饰

　　彩陶基本纹饰单元也多与此前区域内已经存在的刻划纹饰较为相似[34]。如龙鳞纹继承了赵宝沟文化刻划龙纹的特征，彩陶垂鳞纹与刻划重弧纹基本一致，双勾涡纹的构成方式也见于兴隆洼筒形罐上的连弧纹……（图二七）。

　　红山文化彩陶的基本构成元素承袭了本地较早时期出现的纹饰特征，以多种组合方式形成了与其他考古学文化不同的彩陶纹饰风格。基本纹饰单元及构图方式的一致性显示，从传统的压印或刻划纹饰到彩陶，虽然存在制作和表现方式的不同，但其核心内涵并未发生明显的变化。学习和吸收了彩陶生产技术的红山人掌握了一种新的方式来展现传统的纹饰，除了单以彩陶纹饰装饰器表外，刻划纹还与彩陶纹饰组合[35]出现，实现了北方地区传统的装饰技法与新出现的彩陶技术的完美融合。

二、从器座到筒形器

　　器座和筒形器这两种名字不同的器物是红山文化新出现的器形，二者较为相似，皆以中空、无底为主要特征，口、底形制基本相同，多为红陶，器表施红陶衣或黑彩。这类无底中空的陶器在多个考古学文化中都有发现，严文明先生称之为"支圈"[36]，作为放置其他物品的承托物，也称"器座"[37]。其作为器座的功能在晚于红山文化的小河沿文化中也有发现，因其与尊共出，更明确其作为器座的功能[38]。因此，这类器物在红山文化刚被发现时也被称为"器座"[39]。

胡头沟、牛河梁等遗址发现的这类器物集中出现在墓葬或墓葬区的外围，因并未发现与之相关的"被承托物"，采取了依据形状而不强调其功能的定名——"筒形器"，并被作为判断墓地或特殊礼仪性遗存的重要标志。虽然采用了不同的名称，但筒形器是否为器座的疑惑仍然存在。也曾有研究者根据红山文化晚期筒形器与查海遗址敞口鼓腹罐的相似性提出二者的关系更为密切[40]，筒形器是筒形罐的异化器类[41]。

墓地或祭祀礼仪性遗址出土者皆被称为"筒形器"，居住址或窑址出土者则被不同研究者给予了不同的定名，或称为筒形器[42]，或称之为器座，甚至对于同一件器物的定名也有不同意见[43]。

1. 器座与筒形器的区分

四棱山窑址[44]、二道梁遗址[45]出土的这类口底相似、中空无底的器物被称为"器座"，而西台遗址[46]出土者被称为"筒形器"，虽名称不同，但特征相似。

此类器物口、底特征较为相似，根据腹部形态的差异，可以分为束腰和斜弧腹两种，其中四棱山 Y2∶7、二道梁遗址[47] T29 ①∶1 和西台[48] T404G1-6D ②∶46 皆属于束腰型。

四棱山出土者为泥质灰陶，束腰明显，口高比大于 2（口径 18、高 8 厘米），器形更加矮胖。平口，叠唇，束腰（内弧），口底径相当，造型相同，器矮[49]。

二道梁出土的器座与西台遗址环壕出土的筒形器相似性较为明显，胎皆为泥质红陶，腹壁微内弧，束腰不明显，皆施黑彩旗帜纹。区别在于前者口高比大于 1（口径 18.6、下口径 19.6、高 12.6 厘米），相对矮胖，后者口高比基本相同，略显瘦高；纹饰上后者在底沿处增加了由斜线和三角纹共同构成的纹饰带，从器物形态变化上似可形成从矮胖向瘦高变化的过程。

造型相似的彩陶器座还见于小河沿文化的哈拉海沟墓地[50]和南台地遗址[51]，其都与彩陶尊共出。哈拉海沟墓地出土的 2 件彩陶器座皆为红地红彩，口底相近，微束腰，底略大。M3∶7，上口外壁饰三角纹，内填平行线纹，腰部饰带状方格纹和回形纹，以及红彩内部呈"丰"字纹的纹饰，下口部纹饰为双平行线间饰红彩内部呈反向"S"纹的纹饰。上口径 19.4、下口径 20.2、高 15 厘米。M44：1，腰部纹饰为三组相对的平行线宽带纹，平行线为三线。上口径 21.6、下口径 21、高 14.4 厘米。

南台地彩陶器座出土于房址，为红地黑彩，腹部为八角星纹，上下口沿为斜平行线纹组成的图案，口沿内侧为四组三个相连的三角形，房址内共出彩陶尊。

小河沿文化彩陶器座的发现表明，这种中空无底的陶器作为器座的功能自红山文化出现后仍有延续，器座和筒形器可能在红山文化中曾经同时存在并各自发展（图二八）。

器座和筒形器在器形和纹饰上并无明显的区分，虽然从目前的统计结果来看器座的口径通常大于器高，但却并不绝对，比如在牛河梁遗址就发现了口径与器高相等或略大于器高的短体筒形器和扁钵形筒形器。二者的区分并不主要依据外部形态，而与其出土环境关系更为明显，如与四棱山器座共出者皆为筒形罐等实用生活陶器，因此也可以初步确定此件器物也具有实用功能。二道梁和西台遗址以居住址

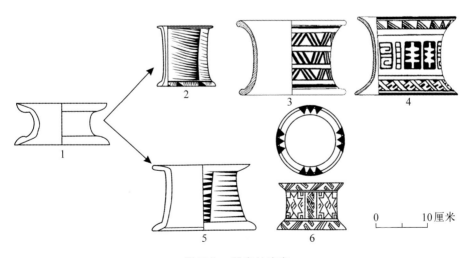

图二八　器座的演变

1. 四棱山 Y2：7　2. 西台 T404G1-6D ②：46　3. 哈拉海沟 M44：1
4. 哈拉海沟 M3：7　5. 二道梁 T29 ①：1　6. 南台地 F3：4

为主，未见墓葬和特殊礼仪性遗迹，虽然与牛河梁遗址出土筒形器一样皆为彩陶器，但可能也与实用功能相关。器座的出现可能与红山文化新出现的圈底或小平底器的流行有关。

器座和筒形器属于造型相同但功能略有差异的器物，器座更着重于使用功能，而筒形器则更关注展示和象征意义。

2. 从器座到筒形器

A 型筒形器是目前能够确认的牛河梁遗址发现年代最早的筒形器，从出现就在器形和纹饰方面表现出比较成熟和稳定的风格，彩陶皆为红地黑彩，纹饰仅见勾连涡纹一种，而以单勾涡纹相对较多。纹饰的风格与二道梁、西台遗址出土器物无明显延续性。而牛河梁遗址第五地点采集的 A 型筒形器片上发现了与二道梁、西台相似的彩陶纹饰，虽也以三角形为主要构成元素，但整体相对规整呆板，不似西台遗址出土的旗帜纹动感十足。相同纹饰还出现在 N5H22 彩陶钵上，这类筒形器的年代也应与之相当，属于牛河梁遗址下层遗存阶段。

牛河梁遗址 A 型筒形器的特征与四棱山遗址出土器座[52]（Y3：2）较为相似，口、底形状相同，底大口小，腹部斜弧连接口、底。与 A 型筒形器不同的是，四棱山出土器座器体较矮，口径明显大于器高，可能为 A 型筒形器的祖型。

即 A 型筒形器的造型和纹饰都可以在年代稍早的器座上发现，筒形器可能是由器座的功能发展和分化出来的。牛河梁遗址 A 型筒形器仍然保持了器座的部分特征，如口大底小较为稳固，但体形更高，使用环境则发生了比较明显的变化。从器座到筒形器的变化是从实用功能向非实用功能的转化，也是社会职能分化的表现。

虽然筒形器和器座采用了不同的定名，但从器形特征上可以找到二者渐变的过程，可以进一步理解在造型和纹饰方面都很成熟的筒形器的来源及其因为功能和需要的差异而发生的变化（图二九）。

辽西区史前考古学文化的器物以平底器为主，且器形较大，红山文化虽然发现

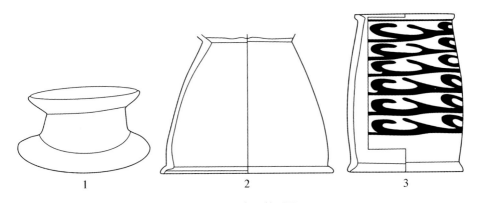

图二九　器座到筒形器

1. 四棱山 Y2：7　2. N2Z4M4：W5　3. 79N16T3 ③：5

了少量的圜底釜，但流行范围有限，并未改变辽西区以平底器为主的传统特征。随着红山文化筒形罐的口底比不断增加，盆、瓮等大型器物的口径可达58厘米，底径仅有16厘米[53]。小底器物的增加为器座的出现搭建了舞台，四棱山窑址出土了目前能够确定的红山文化年代最早的器座，其与陕县庙底沟出土的器座[54]的相似性显示可能受到了来自中原地区的影响。

稍晚时候，器座的功能出现了分化，作为日常生活用陶器的器座数量相对较少，而大量出现在墓地及特殊礼仪活动遗迹的筒形器虽然延续了器座的特征，却开启了另一部分礼仪性的展示职能。

至晚期 B 型筒形器的出现，虽然沿用了筒形器在社会公共活动场所的功能，但在器形上的变化则显示出明显的对于筒形罐传统的回归，至此筒形器完成了从受外来影响的器座向红山文化自身独特的特殊礼仪用器的转化[55]。

三、其他新文化因素的出现

漫长的新石器时代，在传统的北方平底筒形罐文化区内，无论是盛储器、炊煮器抑或是饮食器，皆以平底为主，赵宝沟文化出现了少量的圈足器，但几乎不见圜底器和三足器。

魏家窝铺遗址的发现改变了我们原有的认知，该遗址出土了相当数量的圜底釜、支脚以及钵形鼎、圈足罐等具有明显后冈一期文化特征的因素。灶位于房址中间，靠近门道一侧皆有延伸至门道的深坑——可称为"火塘"或"烟火道"，根据灶坑与烟火道深度的比较分为两种形制，灶坑深于烟火道的为深坑灶，灶坑浅于烟火道的为浅盘灶。深坑灶房址西南向，靠近遗址中部位置，浅盘灶房址东南向，深坑灶略早于浅盘灶[56]。也有人将魏家窝铺遗址的灶也称为"瓢形坑灶"[57]，与白音长汗、西水泉等遗址的瓢形坑灶性质相同。而从发表的线图来看，魏家窝铺遗址灶和火塘两个部分之间存在相对明显的区分，与西水泉灶与长条形火塘直接相连的特征仍有一定的差别（图三〇）。

"灶址和火塘内出土圜底釜和陶支脚，表明可能是圜底釜与支脚配套在灶上使用，或直接将釜架在火塘上使用"[58]。釜并非红山文化或辽西地区的常见器物，其与灶的特征应同是受到外来文化影响的结果[59]。西水泉遗址则以平底筒形罐为

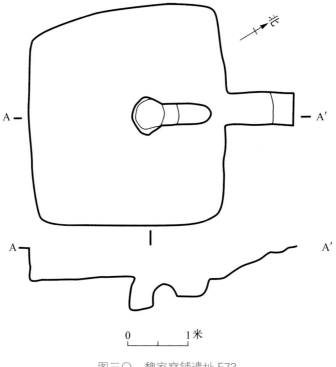

图三〇　魏家窝铺遗址 F73

主，未见圜底釜[60]。研究者皆将魏家窝铺遗址的年代定在红山文化早中期。除魏家窝铺遗址之外，未再见有圜底釜的资料发表，这种新出现在红山文化之中而后又迅速消失的特征表明红山文化可能有外来人群的加入，而他们也很快接受了本地的文化，融入红山社会中。魏家窝铺遗址环壕位置的变化显示人群曾在此区域稳定生活了比较长的时间，魏家窝铺遗址也出土了相当数量的筒形罐，这表明筒形罐所代表的本地传统和圜底釜所代表的外来因素在同一区域和谐共处。

由于魏家窝铺遗址的发掘报告尚未出版，我们无法知道筒形罐与釜的组合关系，暂时无法对人群关系进行深入讨论。

双耳壶（罐）也被认为是受外来文化影响而产生的器物[61]，而这类器物在红山文化中的连续性变化以及双耳罐上压印之字纹的出现则显示此类器物已经成为红山文化的有机组成部分。

浅腹钵也是红山文化时期新出现的器形，颜色有灰、红两种，部分钵仅口沿外侧红色，其余部分为灰色。而红色口沿部分也有施红陶衣和不施陶衣两种。这种口部红色其他部分为灰色的特征与后冈一期文化的"红顶碗"较为相似。而后冈一期文化的红顶钵多与烧制方式有关，红山文化的红顶钵的口部另外施红陶衣，其上绘黑彩，其制作方式更偏向于彩陶的制作。而稍晚阶段的钵则多为泥质红陶，施红陶衣绘黑彩，不再刻意强调"红顶"的特征。

新出现的文化因素在红山文化中形成了与其"源出"文化特征不同的独特的发展脉络，并且渐渐消除了其与红山文化中的典型北方传统之间的区分，共同构成红山文化的特征要素。

小　结

红山文化在继承本地的筒形罐文化传统的基础上，形成了包含筒形罐、彩陶器在内的陶器群，将以鳞纹为代表的彩陶纹饰作为红山文化的标志性特征[62]。文化的发展从来不是孤立的，对传统的继承和对周边文化因素的吸收与利用成为红山文化在 1 500 年的时间内保持文化活力并持续发展的重要基础。

1. 本地传统的延续和发展

适应本地区域环境的文化特征在红山文化中得到了继承和发扬，筒形罐、斜口器等陶器延续了赵宝沟文化的特征而略有变化；继承了兴隆洼文化的制玉传统，玉器的种类和数量都有所增加，除了作为装饰品的玉器之外，更增加了复杂的造型，并更多地用于祭祀礼仪活动中。

作为红山文化最具特征的"积石冢"是延续兴隆洼文化就已经出现的积石墓的传统，随着群体规模的扩大和人口的增加，逐渐扩大范围而形成了积石冢。

对本地传统的继承成为红山文化延续发展的基础。

2. 外来文化因素的吸收与接纳

与兴隆洼文化和赵宝沟文化时期相比，红山文化陶器的种类明显增加，罐、壶、钵等大量出现，器物的制作和表现方式也更加丰富，除了传统的压印、刻划纹饰之外，彩陶的出现使陶器上的艺术表现方式更加多样。

3. 外来文化因素与本地传统的融合与发展

周边考古学文化的繁荣促进了红山文化的发展，在红山文化中，可以看到来自后冈一期文化、庙底沟文化的影响，在魏家窝铺遗址甚至还可以发现人群更深层次的交流与融合的迹象。

魏家窝铺遗址发现了圜底釜和带长火塘的深坑灶，圜底器的出现打破了北方地区长期以来的"平底筒形罐"传统，与之相关的灶址特征的变化显示外来人口及外来文化传统在红山文化中出现，而圜底釜的传统并未在更广泛的区域流传，圜底釜与筒形罐在魏家窝铺遗址和平共处了一段时间后逐渐消失，其所代表的外来人群可能已经成功融入红山社会，成为红山文化的重要组成部分。

器座也是红山文化中新出现的器形，最早发现的器座造型与庙底沟遗址发现器座的相似性表明，器座也可能源自中原地区，而器座可能与圜底器的出现密切相关更为这种可能增添了证据。器座到筒形器的演变则显示红山文化本地传统与外来文化因素的和平共处与共融，外来的器座逐渐发展演变成为红山文化中最具代表性特征的祭祀礼仪活动用器——筒形器。

彩陶的变化也显示出了相同的趋向，虽然彩陶制作技术来自庙底沟文化，但红山文化中彩陶纹饰的独立发展和变化则显示，外来的彩陶生产技术融入红山文化中，成为红山文化传播文化意识和风格的新方式。

红山文化高速发展时正处于史前考古学文化繁荣的时期，温暖适宜的气候环境为古代人群的繁衍和扩张提供了有利条件。红山文化不仅继承了本地的筒形罐传统，并将玉器的制作和使用从个体推向了更大范围的群体，以更具规范的制作和使用方式，使其成为红山文化礼仪规范和社会信仰的重要载体。同时吸收和引进来自中原地区的彩陶制作技术，并结合本地的文化传统，进一步将其作为展示红山文化特色的重要载体。中原特征文化因素在红山文化中的出现显示南北文化的交流为红山文化发展增加了新的活力[63]。

裂变、撞击和融合是苏秉琦先生提出的文明起源的三种形式[64]，不同地域、不同传统文化之间的交流与碰撞带来了文化的发展与飞跃，红山文化的发展正是受益于与中原地区不断发生的文化碰撞。连接中原地区与燕山以北地区的 Y 字形文化带[65]，成为红山文化与中原地区考古学文化之间联系与交流的重要通道。在这条通道上持续发生的文化交流和碰撞，使这一区域成为中国历史上最活跃的地区。

在发展过程中，红山文化始终以开放包容的态度接纳并吸收外来思潮和技术，并将其与本地文化传统融合，成为红山文化独具特色的文化特征。正是这种不断的吸纳和融合，促进了红山文化的发展与强盛，一些红山文化的因素也出现在了其他地区，并且对后续文化的发展产生了深远的影响。

第二章

红山社会的发展

调查资料显示，与兴隆洼和赵宝沟文化时期相比，红山文化时期遗址的分布密度明显增加，人群的主要活动范围进一步向山地、河谷扩散[1]。在资源环境相对稳定的情况下，需要生产方式和生产技术的革新以满足人口增长所带来的物质需求。人口的增长也带来了人群之间更为密切和频繁的接触，聚落规模扩大，社会群体关系和社会结构愈加复杂。

第一节　社会结构的复杂化

社会分化是人口增加和社会发展的结果，社会群体规模的扩大带来社会关联节点的增加，从而形成了复杂的社会结构[2]，社会分化进一步加剧。社会分化从垂直分化和水平分化两个维度展开，对一个复杂社会而言，垂直分化和水平分化都不是单独存在的，二者之间复杂的相互作用形成了有机联系的社会。

一、社会分层的普遍出现

社会分层是基于财富、社会地位等的垂直分化的规范化结果，即社会的垂直分化出现了明显的制度化特征。在财富和资源占有不均衡的基础上，通过一定的标准可以对社会群体及其成员在社会体系中的地位予以区分，这一标准被社会广泛接受之后即成为全社会共同遵守的"准则"。墓葬的遗物及相关设施的所属关系最为清晰，也是分析社会垂直分化的最好切入点[3]。红山文化目前公布资料较为完整的墓葬材料主要见于牛河梁遗址、胡头沟遗址、半拉山墓地和田家沟墓地。

牛河梁遗址发表资料最为完整，表现的特征也最为典型。对牛河梁遗址的墓葬规模、随葬品种类和数量的统计显示，至迟到红山文化晚期，以积石冢[4]为单位的小群体中，成员之间已经出现了基于财富或地位的垂直分化，等级较高的墓葬不仅随葬品种类、数量较多，墓穴较深，并有部分墓葬在南侧留有阶梯，采用多层石板规整平铺叠砌的石棺；而等级较低的墓葬则在各方面都相对简单，随葬品种类单一，数量较少或无随葬品。

最高等级墓葬不仅墓葬规模大、随葬品数量多，除了常见的随葬品种类之外，也多见特殊造型的玉器，甚至有三重石墙和摆放整齐的筒形器共同构成的附属设施，筒形器的位置也相对固定，皆位于最外层石墙的内侧（图三一）。这类高等级墓葬数量少，且仅在少数几个埋葬区内出现。

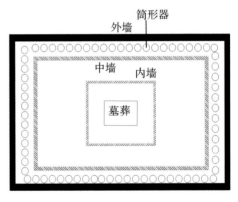

图三一　高等级墓葬设施结构图

目前牛河梁遗址发现的具有附属设施的墓葬有 5 座，分别为 N2Z1M25、N2Z1M26、N2Z2M1、N5Z1M1、N16M4，其中 N2Z1M25 和 N2Z1M26 共用附属设施（图三二）。在根据遗迹的特征对其进行年代细分之后，这些墓葬分别属于不同的埋葬时段（表四）[5]。积石冢内墓葬间的叠压打破关系主要出现在墓地的南侧，集中在高等级墓葬附属设施南墙的附近。除了墓葬间的叠压关系之外，N2Z1也有多座墓葬打破南墙或利用了南墙筑墓，但无墓葬进入石墙圈定的中心区域内。N2Z2 南侧墓葬略早，后修建的 N2Z2M1 的南墙叠压南侧墓葬。这表明墓地是经过统一规划的，无论埋葬时间早晚，最高等级墓葬皆位于墓地的北侧，而其他中、小

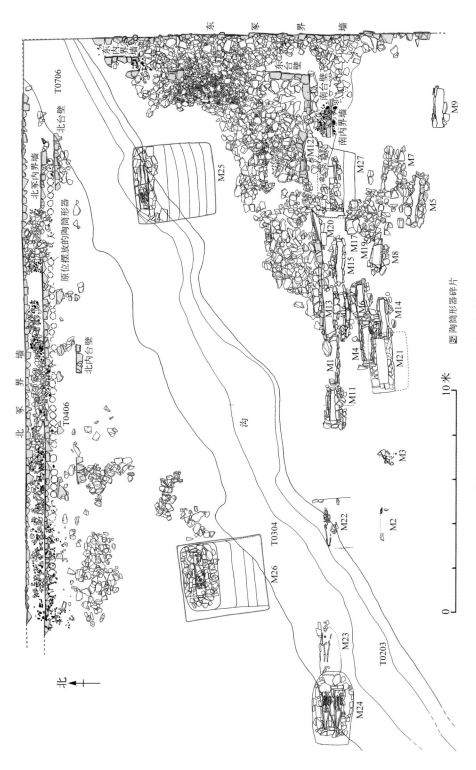

图三二 N2Z1M25/M26 及附属设施图

██ 陶筒形器碎片

型墓葬则相对集中地分布于积石冢南侧冢墙附近区域。

排除这种带有附属设施的大型墓葬的影响，在同样以积石冢为单位的群体之间虽然也存在一定程度的差异，但其差异程度仍小于群体内部的分化[6]。也就是说，普通群体成员之间相对较为平等，未见明显的垂直分化。

牛河梁遗址的垂直分化主要表现为两个方面，首先是最高等级个体和其他社会成员之间差异的扩大，其次是社会小群体内部的垂直分化。最高等级个体所显示的独占性和特殊性表明存在多个积石冢单位的牛河梁遗址是围绕"一人独尊"的王者的共同体。以积石冢为单位的小群体内部的垂直分化也是以牛河梁遗址为单位、出现最高等级墓葬的社会群体分化的缩影，小群体中可能已经承担了相关的社会职能并出现了管理者。

表四　牛河梁遗址最高等级墓葬相对年代表

时　段	N2Z1	N2Z2	N5	N16
1	M25/26			
2				
3			Z1M1	
4				M4
5		M1		

胡头沟遗址[7]位于辽宁省阜新蒙古族自治县化石戈乡胡头沟村西南牤牛河东侧的山丘上，遗址地处牛河梁遗址东北，二者之间的直线距离约157公里，遗址西部被牤牛河冲毁，并局部暴露了M1的石棺。经过1973和1993年的两次发掘，共清理红山文化墓葬4座。虽然资料较少，但却具有相当重要的意义。中心墓葬（M1）位于墓地中心偏北位置，外围有石墙和筒形器等附属设施，小型墓葬位于区域南侧（图三三）。墓葬特征显示，位于中心位置的M1是墓地内年代最晚的墓葬，以最高等级墓葬位于北侧的墓地布局与牛河梁遗址完全相同。M1出土玉器15件，包括勾云形玉器与玉鳖、玉棒等，南侧小型墓葬3座，共出土玉器5件，高等级墓

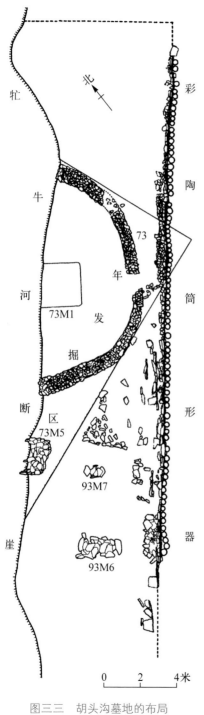

图三三　胡头沟墓地的布局

葬的随葬品种类和数量都明显高于其他墓葬，墓葬间随葬品的差异与牛河梁遗址完全相同。这表明，胡头沟遗址也存在与牛河梁遗址相似的社会垂直分化，并且出现了地位等级超然的个体，胡头沟遗址可能也是有多个埋葬区的多群体社会。

半拉山墓地[8]位于辽宁省朝阳市龙城区召都巴镇尹杖子村，处于牛河梁遗址与胡头沟遗址之间，西南距牛河梁遗址直线距离约82公里，发掘共清理墓葬78座（图三四）。墓葬不分区，根据墓葬开口层位，发掘者将其分为早晚两期，墓葬分为石棺墓和土坑墓两种，并未发现两种墓葬在埋葬空间和时间上存在区分，应属于生活在同一区域的人群延续使用的墓地。虽也有由单层石块标识的石墙和石墙外侧摆放的筒形器，但未发现与之年代相同的墓葬。即半拉山墓地不见牛河梁、胡头沟遗址所见的大型高等级墓葬。由于发表材料有限，无法对墓葬年代或亲属关系加以细分。墓地中存在相当数量的无随葬品墓，随葬品也以工具类的石斧、装饰类的璧和镯为主，随葬品的有无和数量的差异显示也应出现了一定程度的垂直分化。垂直分化主要体现在随葬品数量的差异，墓葬规模则较为相似，无突出的高等级墓葬，其

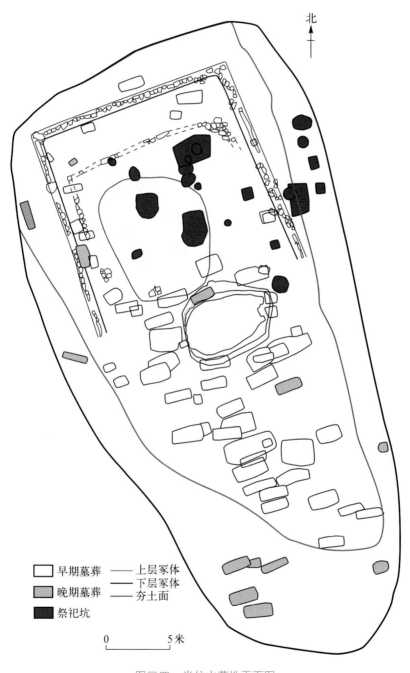

北

早期墓葬 —— 上层冢体
晚期墓葬 —— 下层冢体
祭祀坑 —— 夯土面

0   5米

图三四 半拉山墓地平面图

分化程度与牛河梁遗址第三地点等未发现大型墓葬的墓地较为相似。

草帽山积石冢[9]位于内蒙古自治区四家子镇东的草帽山的山梁上，西南与牛河梁遗址直线距离74公里，东南与半拉山遗址直线距离31公里，也由多个地点构成。第一地点墓葬7座，墓主头向、石棺的砌筑特征及变化与牛河梁遗址基本一致。无随葬品，也未见有石砌围墙等附属设施的大型墓葬，石棺砌筑方式显示墓葬规模略有差异，存在垂直分化，但并不明显（图三五）。

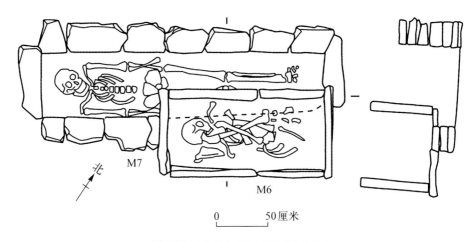

图三五　草帽山积石冢墓葬示例图

田家沟墓地[10]位于凌源市三家子乡河南村田家沟组，地处大凌河支流渗津河左岸的山梁上。与牛河梁遗址直线距离50公里，由4个地点组成，共发现红山文化晚期墓葬42座。随葬品有无的差异显示垂直分化的存在，但差别并不明显（图三六）。

各遗址所显示出的社会分化程度的不同可能与社群的规模、区域整体资源和财富发展状况有关。田家沟等墓地中虽然也存在多个埋葬地点，但并未发现与牛河梁遗址相似的最高等级个体，这表明，目前仅在牛河梁遗址和胡头沟遗址发现的以具有独特性的墓葬附属设施为标志的、超乎众人之上的高等级个体所代表的统一社会可能并不限于某个遗址之内，这些个体可能属于更大区域范围的领导者，虽然依据

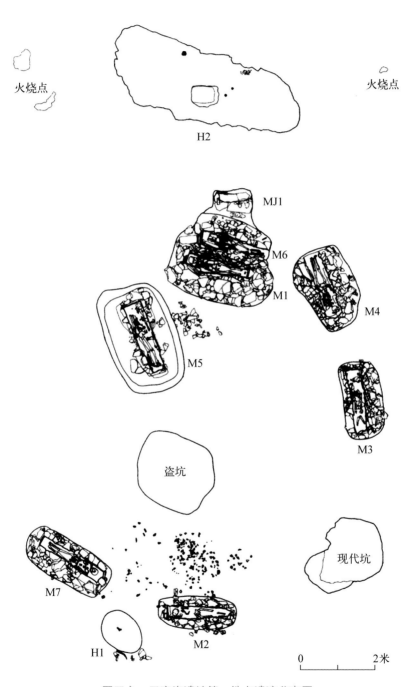

火烧点

火烧点

H2

MJ1

M6

M1

M4

M5

M3

盗坑

现代坑

M7

H1

M2

0   2米

图三六　田家沟遗址第一地点遗迹分布图

目前的资料我们尚无法判定其"统治"范围。不同地域在分化程度和总体财富水平方面的差异显示可能已经出现了地域间的群体分化。胡头沟遗址与牛河梁遗址之间的等级差异显示红山社会的分层可能更为复杂。

虽然不同区域、不同群体分化的程度略有差异，社会的垂直分化与社会分层的特征已成为红山文化较为普遍的社会形态。墓葬规模和随葬品种类、数量所显示的社会垂直分化在红山文化晚期已经较为普遍出现，与垂直分化相关的规范化特征形成，并被广泛接受。

墓地布局和随葬品的使用也渐趋规范和固定。墓地布局的规范化意味着虽然墓地延续使用时间较长，但存在统一规划并为全体社会成员所了解和接受。牛河梁遗址的 N2Z1、N2Z2 都是沿用时间较长，不同层级个体共同使用的墓地，其中 N2Z1 最高等级墓葬及附属设施年代最早，后葬入的墓葬都相对集中地分布在墓地南侧石墙及以南位置；N2Z2 最高等级墓葬是区域内最晚葬入的，仍位于区域北侧，南侧石墙叠压早期墓葬。也就是说，无论埋葬顺序如何，牛河梁遗址的墓地都采用了大型墓葬位于北侧，其余墓葬位于南侧的埋葬布局，初步确立了"以北为尊"的观念。胡头沟遗址虽与牛河梁遗址相距 150 公里，也采用了相同的墓葬布局。

随葬品的种类与数量是社会层级划分的重要标志，如果说随葬品种类和数量可以代表墓主的财富和地位，随葬品规范化的使用方式则代表社会礼仪行为的规范化，即葬礼活动中较为严格的"参照"标准的存在。随葬品的规范化使用，玉器的放置方式及其使用原则的一致性是社会秩序完善的重要体现。镯、璧、斜口筒形玉器和勾云形玉器是红山文化墓葬中出土数量较多且使用较为规范的器类。

玉镯和玉璧的使用方式与墓主性别（或社会性别）相关。男性墓主随葬玉镯皆佩戴于右手，女性墓主多有双镯，若女性墓主随葬单镯则戴于左手。牛河梁遗址出土玉璧共计 23 件，见于 10 座墓中，可见以成组玉璧随葬和以单件玉璧随葬两种形式，除二次葬无法确定玉璧与墓主身体位置的关系外，单独出现在墓葬中时玉璧的摆放表现出较为明显的与性别相关的规律：玉璧摆放于男性墓主身体右侧，而在女性墓中则摆放于身体左侧。

斜口筒形玉器的出土位置主要集中在头部和胸腹部，根据摆放方式的不同可以分为长面向上和短面向上两种，位于头部位置的斜口筒形玉器通常长边向上横置，斜口部分朝向墓主身体的右侧；胸腹部位置的斜口筒形玉器皆摆放于身体右侧，短边向上竖置。在总体原则一致的基础上，存在一定程度的细微变化。勾云形玉器的单勾和双勾两种造型在使用过程中没有明显区别，也主要集中于头部和胸腹部。

随葬玉器的使用已经出现了相对固定的规范，同一器物的使用方式基本相同，"礼"的原则已经深入社会生活之中，并且跨越了区域的限制，成为全体成员共同遵循的准则。

二、多群体社会的发展

红山文化时期人口增加，社会群体规模扩大，遗址分布密集，但并未发现明显的单体聚落规模扩大的迹象。与前一阶段相比，群体分化更加明显，有效的社会组织和管理成功抵消了由于群体分化所带来的社会分裂的趋向，人群之间联络和接触增多导致各社会单元之间相互联系的节点增加，社会组织的规模扩大、结构愈加复杂。

从考古学的角度看，群体分化表现为不同群体在生活区域和埋葬地点的区分，以及彼此之间关系的变化，也可以显示为生活和埋葬在同一区域的社会成员在标志性器物方面的有意识选择。

考古调查在多个区域都发现了遗址相对集中分布的迹象，而在聚集的区域之间则有较为明显的空白区域[11]。这种特征在埋葬区的表现更为明显，墓葬相对集中的区域都发现了相距不远的多个地点。规模最大的牛河梁遗址包括 43 个地点，其中大部分为墓地；田家沟遗址有 4 个地点，草帽山遗址也有 3 个地点，同时规模较大的遗址点，如牛河梁遗址第 2 地点内也出现了埋葬区的划分。排除发现遗迹太少无法进行进一步分析的 N2Z6 以及不作为埋葬单元使用的 N2Z3 和 N2Z5，第二地点共有 3 个埋葬区（积石冢）。牛河梁遗址第五地点的情形也较为相似，可见并存的两个埋葬区。埋葬区之间边界清晰，同一区域内墓葬集中分布。

牛河梁遗址第16地点以"隔墙"划分的南北两个区域的墓葬在斜口筒形器的处理方式上的不同选择显示以符号化特征加以区分的小群体分化的出现[12]。

考古学中，通常以个体之间空间距离的远近判断其亲密程度，扩展到群体之间也是如此。民族学资料[13]显示，相同群体的社会成员埋葬位置相对较近，而属于不同群体的墓葬则在墓葬特征和埋葬位置上略有差异，从而形成了从遗迹单元到聚落群的多种组合关系。

牛河梁遗址以相对集中的埋葬单元（积石冢）为基本的社会单位，同一积石冢内的墓葬关系最为密切，同一地点内出现的多个埋葬单元之间的关系略次之，不同地点的再次之。不同地点的群体作为规模更大的社会单元成为同一遗址所代表人群的组成部分，从而形成了关系紧密程度不同的至少三级社会组织（图三七）。

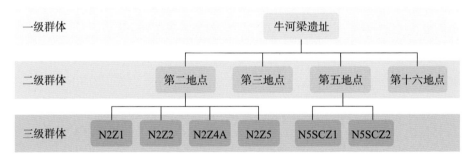

图三七　牛河梁遗址社会群体关系示意图

最高等级墓葬随葬品数量较多，可能为统计结果带来更多的偏离，排除此影响之外，以积石冢为单位的群体之间人均随葬品数量的差异有所缩小（表五）。但表格中仍有两个偏离比较明显的数值，分别为 N2Z2 和 N3 的随葬品数量的均值，二者都明显偏低，这可能与样本数据受到后期破坏有关。牛河梁遗址 N2Z2 的三座墓葬中，有两座受到扰动，未见随葬品。"在 M3 尸骨上还可发现放置玉璧的痕迹"显示，原应有随葬，发掘时已遗失；N3 有多座"迁出葬"的墓葬中不见遗物，可能在迁葬的同时也移走了随葬品，这些墓葬无法确定其原初随葬品的数量，形成了相对较大的偏差。总体而言，各群体随葬品数量相对较为均衡，以随葬品数量所显示的社群关系相对较为平等。

表五　各群体（积石冢）人均随葬品数量比较表
（去除最高等级墓葬）

	N2Z1	N2Z2	N2Z4A	N3	N5	N16
随葬品数量	57	1	12	9	4	35
墓葬（个体）数量	22（26）	3	4	9	3	10
人均随葬品数量	2.2	0.3	3	1	1.3	3.5

最高等级墓葬的单人独占性表明，牛河梁遗址群所代表的人群是在同一个体领导下的共同体，虽然群体分化导致小群体数量增加，但统一的社会组织有效维护了社会团结，社会规模进一步扩大。

同样由多个地点组成的田家沟遗址，各地点未见群体的再分化，则可能存在"遗址区—埋葬地点"的两级社会组织。而四个地点在埋葬个体、随葬品种类和数量方面都未显示出明显的区别，四个地点之间在墓葬特征方面的一致性明显强于距离更远的其他遗址，各地点所代表人群的关系与牛河梁遗址排除高等级个体影响之后的情况较为相似，因为高等级特殊个体的缺失，并未表现出如牛河梁遗址所见的社会垂直管理的特征。

从出土遗物的特征来看，虽然田家沟墓地[14]仍以玉器为主要随葬品，但却未严格遵循牛河梁遗址晚期出现的只随葬玉器的"唯玉为葬"的规律，随葬品中除了玉器之外，彩陶盖罐是最常见的器物。彩陶盖罐延续牛河梁遗址下层积石冢阶段彩陶盖罐的风格，与牛河梁遗址上层积石冢阶段第十地点（N10）墓葬和N5Z2M2出土彩陶罐较为相似（图三八）。N10出土的彩陶盖罐[15]放置在脚厢中与置于墓主身侧的玉器共出的特征也与田家沟遗址基本一致。田家沟遗址的墓葬特征也见于牛河梁遗址，提示着二者关系密切。二者的包含与被包含关系表明，牛河梁遗址的社会组织所涵盖的可能远超过牛河梁遗址的范围，田家沟墓地所代表的人群可能是牛河梁所代表社会的组成部分。

图三八　田家沟、牛河梁彩陶罐比较
1.田家沟遗址　2.牛河梁遗址

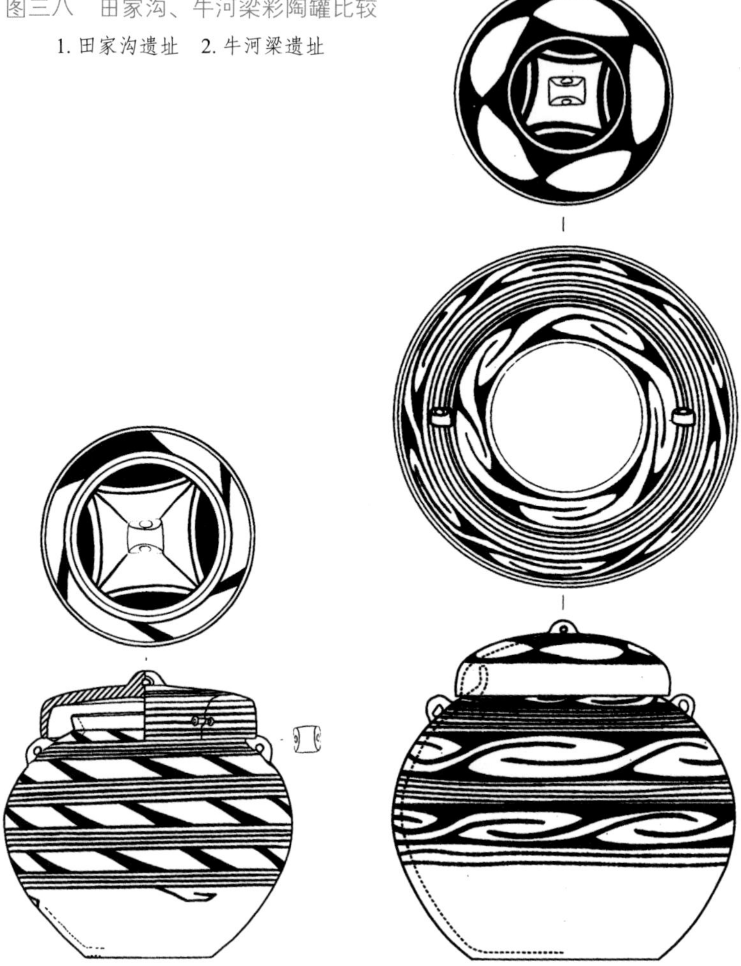

1　　　　　　　　　　2

　　胡头沟遗址也发现了与牛河梁遗址相似的垂直分化，虽然目前并未发现与其相关的其他遗址，依据其与牛河梁遗址的相似性，可以推测胡头沟遗址也存在大体相似的社会组织。红山社会中已经较为普遍地出现了可以统合区域人群的社会组织，社会小群体的分化和社会组织结构的完善推动了多群体社会的发展。

　　半拉山墓地在墓地布局、埋葬特征等方面都显示出与其他几个遗址不同的特点。包括数量约占墓葬总数一半左右的土坑墓，随葬品中还发现了一定数量的玉器加工的半成品。红山文化的社会组织可能较我们目前所能掌握的更加复杂。

　　墓葬和调查所发现的聚落分布都表现出群体数量增加的特点，人口增加、小群体分化是红山社会普遍出现的特征。群体数量的增加意味着社会规模的扩大，也意味着需要有相应的方式调整社会关系，维持社会的团结和稳定。与之相关的社会制度和活动，将是维持多群体社会平稳发展的基础。

三、聚落的功能分化与聚落群的形成

　　墓葬和随葬品数量都相对较多的牛河梁遗址和半拉山遗址在随葬品的种类方面存在比较明显的差异：半拉山遗址几乎不见勾云形玉器、斜口筒形玉器这类明确体现墓主身份地位的器类，除了牛河梁遗址常见的装饰类的镯环外，还可见工具类的斧和刮削器等，随葬品种类的差异表明群体之间应存在职能的分工。功能分化使社会的多样性增加，同时有助于增强遗址间人群的联系和依赖，促进社会团结。

　　上机房营子遗址[16]发现了两座红山文化陶窑，出土的筒形罐根据器形和施纹特点可以分为两组，虽然稍晚出现了器形和纹饰组合关系的进一步融合，但从特征上来看，同一器物的成型及纹饰制作者为同一个人或者同一群体。两组筒形罐分别代表彼此间存在交流和纹饰特征借鉴的两个筒形罐的制作群体，两个群体制作的产品在同一窑炉内共存且比例基本相近。这显示虽然器物的制成过程由不同的工匠来完成，但共用窑炉，器物制作的最后阶段的设备由双方共用，或者可能由另一技术成熟的群体来完成。

　　上机房营子遗址并未发现其他红山文化遗迹，因此无法确认筒形罐的生产者的具体来源，而考古调查的资料则可以从遗迹分布的角度为技术层面的分析提供补充。在敖汉旗的调查中发现在红山文化遗址较高的一侧有窑址，并有二至三个遗址就近使用一个窑区的现象[17]。这表明上机房营子遗址共用同一个陶窑的两个筒形罐制作群体可能源于同一个遗址，也可能是分别来自相近两个遗址的关系密切的群体。

　　玉器是红山文化最重要的器类，残损玉器的修复和再利用也显示红山人对玉器的珍爱和重视。出土玉器种类和数量多，质量也最好的牛河梁遗址中并未发现与玉器生产加工相关的遗迹，甚至也不见玉器生产所产生的边角料。遗址中发现的钻芯也经过打磨和再加工，虽然未进一步加工，但其形制和功能已经发生变化，不再作为加工过程的废弃品，而与其他器物的收藏和使用功能相近。

弯勾形玉坠原应为勾云形玉器的组成部分，经过对断面的修整和钻孔，转换成为玉坠而得到了进一步的利用。但这种对残损玉器的修复和再加工只是在玉器使用过程中的维护而非生产，也就是说，牛河梁遗址可能是玉器的主要使用地而非生产地，处于玉器生产与消费链的终端。既然牛河梁遗址并不生产和加工玉器，应有其他遗址作为牛河梁遗址玉器的生产地。考古调查在敖汉董家营子发现了较多有切割痕的碎玉废料，可能是专门制造玉器的场所[18]。玉器生产与使用地点的分化显示遗址之间在生产—消费过程中的密切联系。

从玉器的生产特征上来看，牛河梁遗址出土玉器采用了多种加工工艺，不同玉器的制作工艺和程序存在明显的不同。以玉璧和镯环类器物为例，玉璧的外缘有圆形、方圆形和圆角方形之分，但内缘则基本为圆形，与镯环类内缘的正圆形不同，虽然也显示了对正圆的追求，却坚持不采用镯环类玉器制作时的管钻工艺。琢制或磨制扩孔与管钻开孔的制作传统在两类器物的制作中长期并存、互不借鉴，除可能反映制作者对于工艺的偏好和传统的坚持，也可能与两类器物的制作地点相距较远有关，即两类器物的生产地点可能并不相同。

半拉山墓地[19]发现了少量作为随葬品使用的玉器加工的半成品，目前发现者为采用管钻的镯、环类器物的半成品和钻芯，而未见其他，这可以为上述"不同的器物可能在不同地点制作完成"的观点提供证据。

玉器生产地点和使用地点的区分，不同种类玉器生产地点的差异表明，遗址之间出现了功能上的分化。聚落间的功能分化打破了原有聚落内部自给自足的生活方式，形成了互相之间的更多联络，彼此更加依赖的聚落群，区域社会组织逐渐形成。玉器生产所显示的远距离聚落之间的联络进一步扩大了多群体社会的空间范围，进一步促进了群体规模的扩大。社会职能不同的群体之间的依赖性和关联性提高，从而提升了社会群体内部的联系和团结。

祭祀礼仪活动与居住址的分离进一步扩大了社会团结的范围，东山嘴、牛河梁等远离居住区的特殊设施可能成为周边人群开展礼仪活动的所在，老虎山河流域的调查发现了多处以祭坛或积石冢为特征的礼仪活动区，而在周边区域几乎很少发现居住址的特征则显示这种遗址功能的分化已是社会的普遍特征。牛河梁红山文化礼仪中心所涵盖的范围应远超过牛河梁遗址，成为联络更广阔地域人群的重要活动场所。

第二节　社会的组织和动员

随着人口规模的扩大、社会容量的增加需要获取更多的资源来维持社会的基本运行，同时需要与之相匹配的社会管理体系来维持社会的有效运转。目前尚无法获取社会物质文化生产的成果，只能通过与大型社会公共礼仪活动相关的遗迹管窥其社会管理与动员的能力。

一、特殊产品的生产与分配

与社会公共礼仪行为相关的器物主要包括陶筒形器和玉器两种，我们在牛河梁遗址并没有发现与这两类器物的生产相关的设施或遗迹，遗物的分析显示两种器物的生产已经出现了复杂的、基于流水线作业的分工[20]。两类器物的使用者均非器物的制作者，筒形器只与某一个体关系密切，玉器的使用与社会层级相关的严格规定则决定了玉器的获取也有严格的限制。特殊类产品的生产和分配是社会生产能力和管理水平的重要表现。

数量庞大、造型一致是筒形器的重要特征，筒形器最常见的出土位置为墓葬区的边缘，用以圈定"墓域"范围，其使用具有明显的时效性，从制作到使用的时间应大体自墓主人死亡开始至葬礼结束。严格的时效性显示筒形器应属需要在比较短的时间内完成大批量生产的器物（表六）。

表六 各遗迹单位筒形器数量估算表

遗迹单位	筒形器数量（单位：件）	测 算 依 据
N2Z4M4	72	筒形器圈直径 6～7 米，周长约为 20.4 米，原位摆放的筒形器 29 件，平均最大径 28.3 厘米，预计可摆放筒形器 20.4/0.25=72.08 件。
N2Z4M5	68	筒形器圈直径 6～7 米，周长约为 20.4 米，9 件筒形器底圈保存在原位，复原筒形器最大径 29.84 厘米，预计可摆放筒形器 20.4/0.298 4=68.36 件。
N2Z4B2	200	三重石墙的直径分别为 12、13.4、15.3 米，筒形器摆放在第二、三重石墙之间，筒形器圈周长约为 48 米，原位保存筒形器 49 件，平均口径 23.8、平均底径 22.5 厘米，预计需摆放筒形器 48/0.24=200.2 件。
N2Z1	258～277	筒形器放置在内界墙内侧，东西长 30、南北宽约 13 米，筒形器区域周长约 86 米，北侧保留原位筒形器 60 件，平均最大径 30.6 厘米，预计需摆放筒形器 86/0.31=277.4 件。2 米范围内放置筒形器 6 件，则需要筒形器 258 件。
N2Z4A	187	筒形器放置在最外封闭围墙内侧，方形，边长约 15 米，周长约 60 米，北侧保留原位筒形器 11 件，腹径最大，平均腹径 32 厘米，预计需摆放筒形器 60/0.32=187.5 件。
N2Z3	116	三层界桩直径分别为 11、15.6 和 22 米，筒形器放置在内圈的内侧 20～50 厘米范围内，筒形器圈周长约为 32.7 米，筒形器平均底径 26.5 厘米，估算最大腹径 28 厘米，预计需摆放筒形器 32.7/0.28=116.7 件。

　　根据窑炉形状及特征的变化，目前四棱山和上机房营子遗址发掘的 8 座窑址中，上机房营子 Y1 的结构较为先进，容积也相对较大，应是代表了目前所能了解的烧造能力最强的红山文化陶窑。上机房营子 Y1[21] 位于遗址北侧，窑室呈圆角长方形，长 225、宽 124 厘米，在窑室内向下挖外侧的环形火道和与其相交的两个直火道，形成三个略高于火道平面的"窑柱"，其上铺设石板及碎石作为装烧平面，最大装烧面积约 2.79 平方米（图三九）。出土陶器 32 件，其中筒形罐 28 件，大小陶器套烧，出土的细泥器底作为套烧陶器之间的隔垫。虽然存在部分陶器在烧成后投入使用不在统计之列的可能，这一数值也基本接近此座陶窑的最大产出量。

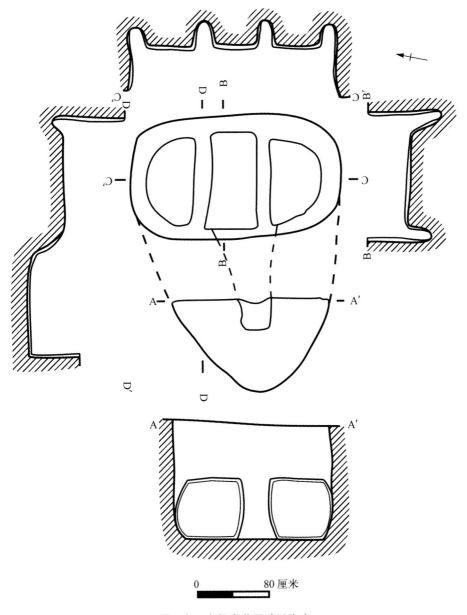

图三九　上机房营子遗址陶窑

以牛河梁遗址目前发现筒形器数量最少的 N2Z4M5 为例，需要同时生产筒形器的最小数量为 68 件。筒形器通体红色，需要保证在烧成最后阶段氧气的充分供应，筒形器的规格大体相同，所以无法像大小不同的筒形罐和其他器物一样套烧。根据目前发现的规模最大的红山文化陶窑所获知的陶器的烧造能力，在保证 100% 的烧制成功率的情况下，以上机房营子遗址 Y2 规模最大的窑址估算，计算数值为 2.19，这意味着需要使用最少 3 个陶窑。这是以技术熟练工人按照最理想的摆放方式所能达到的最大的陶器生产量。而 N2Z1 等需要同时使用几百件筒形器的情况下，需要投入更多的力量（表七）。

表七　筒形器烧制能力估算表

遗迹单位	数量（件）	最大径（厘米）	单体最小装烧面积（平方米）	最大装烧数量（2.79/单体装烧面积）（件）	陶窑数量（个）
N2Z4M4	72	28.3	0.08	34（34.88）	3（2.12）
N2Z4M5	68	29.84	0.089	31（31.34）	3（2.19）
N2Z4B2	200	23.8	0.057	48（48.94）	5（4.16）
N2Z1	258～277	31	0.096	29（29.06）	9（8.89）～10（9.55）
N2Z4A	188	32	0.102	27（27.35）	7（6.96）
N2Z3	117	28	0.078	35（35.77）	4（3.34）

除了烧制过程需要与专职工匠合作之外，制作过程所显示的复杂分工更是意味着筒形器的生产除了制作者，还需要有专职的生产管理者来协调处于不同生产流程的生产者。需要动员大量的人力资源参与的筒形器生产需要有更为完善的管理机构。筒形器的制作汇集了多个制作者或制作群体，制作过程所显示的多层级的制作分工的模式表明社会中已经形成了相对完善的多层级管理体系，以确保大量生产的同类产品特征要素的一致性，使得大规模的量化生产成为可能。

不仅在生产过程中有组织有管理，产品的使用也受到分配规范的制约。制作特征略有差异的筒形器出现在同一积石冢，表明筒形器是为了特定目的集中生产的器物，使用和分配是生产的前提。

除了筒形器之外，玉器也是专门化程度比较高的产品门类，玉器形制的相对固定和使用中相对严格的规范也预示着玉器的生产可能也存在对生产和分配过程的管理与控制。

分析显示黄绿色玉料可能产自辽宁的岫岩，而部分青白色玉料则可能来自贝加尔湖地区（图四〇），青白色玉料的主要制成品为玉璧。虽然玉料的来源不同，但玉器的制作特征却基本相同，皆采用琢制扩孔而非管钻的方式完成内孔的制作，器身形成中间厚两侧薄的刃状边缘。

圆是玉器制作和使用中最重要的特征，璧、镯（环）的内孔皆为圆形，而圆的制作方式却并不相同，镯（环）皆采用管钻（旋转开孔），最大的一件出自N2Z1M1，内径9、外径12厘米，形制规整、厚薄均匀。最细的一件肉厚0.4厘

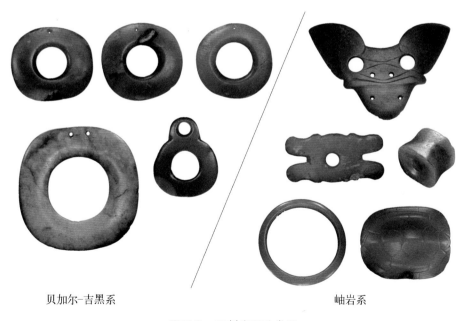

贝加尔-吉黑系　　　　　　　　　　岫岩系

图四〇　玉料来源分类图

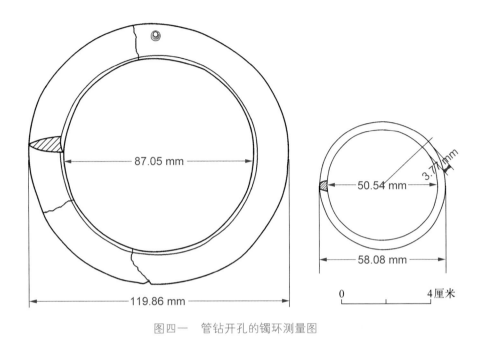

图四一　管钻开孔的镯环测量图

米，薄厚均匀，几乎没有误差，这些都显示红山文化的管钻技术已经相当成熟稳定（图四一）。而璧的制作则通过由方取圆、琢制扩孔等方式制作，打磨后边缘薄中间厚，无论内外侧皆非正圆形。

管钻的钻芯（图四二）可以作为制作小型器物的原料予以再次利用，是最大限度地利用有限资源的方式，非常符合红山文化珍视玉料的风格。而玉璧的制作方式则意味着圆孔的制作过程无法形成可再利用的副产品。成熟的制作工艺与制作方式

图四二　N2Z3 出土玉钻芯

的有意区分显示这两种器物的制作者可能存在不同的制作传统，这两类玉器的生产地点也可能有所不同。但二者是墓葬中最为稳定的组合，稳定的产品获取显示可能存在相对稳定的产品供应，同类玉器造型和制作工艺的一致性则显示玉器制作存在固定且统一的标准，红山

文化对玉器生产的控制可能主要着眼于对技术标准和生产过程的管控。玉器生产的特征与依附性手工业生产[22]的特征较为相似，生产的组织、产品的分配似乎都受到了来自社会上层的控制。

玉器的使用可能延续比较长的时间，在墓葬中也发现了造型偏早的器物出现在年代稍晚的墓葬中的现象，玉器损坏又修复现象的普遍存在表明其在成为随葬品之前经过了较长时间的使用，不同种类玉器的获取时间也有一定的差异。同一墓葬出土玉器制作工艺的差别也显示其可能是源于不同的地点、由不同生产者生产的产品。玉器的标准化特征显示了专业化生产分工的存在，与陶器的相对集中化生产相比，玉器的生产地点可能更加分散。社会对玉器生产的管理可能更集中于对生产过程的整体监控和产品的分配方面，社会管理所涉及的地域范围也有所扩大。

特殊产品的生产与分配是对社会综合管理和整合能力的考验，红山社会对特殊产品生产的组织与管理显示社会管理能力的提升。筒形器的生产的复杂分工将参与生产的多个群体整合起来，参与生产分工的群体的数量与分工所能协调的人群的数量和能力有关，将更多的社会群体整合起来意味着社会的综合管理和整合能力的提高。

二、礼仪建筑的修筑与维护

礼仪建筑是区别于日常生活居住地，而主要用于开展礼仪活动的设施或场所，也包括具有明确礼仪活动特征的墓地。其中墓地是礼仪活动的内容和对象最为明确的礼仪活动场所。

"积石冢"既是红山文化的墓葬，也是葬仪活动发生的场所，虽然作为墓地的延续使用时间较长，但作为"积石冢"主体的中心墓葬和石墙等主体设施的修筑时间则较为集中，应不长于筒形器从生产到使用的时间。与筒形器的制作相仿，应也是需要动员大量人力在短时间内完成的设施。

牛河梁遗址 N2Z1 东西长 34、南北宽 22 米，地势北高南低，北侧石墙较矮，多只保留单层石块，向南则石墙逐渐增高，残存最高处石墙保留砌石5层，残高0.9米。以冢界石墙基部（石墙通常不挖槽）为基点，到冢南侧第二层（中墙）封石台顶高差约1.5米，其范围内封土、积石，垫土和积石的形成时间与中心墓葬的时间大体相同，砌筑石墙的最大石块长90、宽35、厚20厘米。可能只需要在地势较低的南侧垫土积石，粗略估计土石方量约为562.5立方米（表八）。

表八　主要遗迹单位所需土石方量（估算）

遗迹单位	土石方量（m³）	测　算　依　据
N13	16 676	夯土直径40米，砌石直径60米，残存高度7米，为逐层内收的截锥体。
N1J2	40 000	总面积4万平方米，平均垫土积石厚度1米以上。新的考古发现显示其面积可能更大。
N2Z4B1	282	外圈墙存高0.4、中圈较外圈高0.3、内圈较中圈高0.5米，三重圆直径由内到外分别为19.2、17.4和15.6米。
N2Z4B1	98	三重圆直径分别为15.3、13.4和12米，外墙近地表、中墙0.3米，内墙较中墙高0.2米。
N2Z1	561	长34、宽22米，残存高度1.5米，依据山势而建，垫平山坡与山顶平齐，预计需要总体积之一半。
N2Z2	503	长19.5、宽17.2米，东南角高2.5～3米，逐层略有内收，垫平山坡与山顶平齐，预计需要总体积之一半。
N2Z4A	312	东西长约16米，南北长约13米，残存积石高度1.3米。
N2Z3	208	最大直径22米，垫土范围应略大，最厚0.6、最薄0.3米，平均厚度0.45米，内圈直径11米，内侧堆砌石块，平均厚度0.4米。

除墓地以外，结构和性质较为特殊的建筑还包括牛河梁遗址的第一地点和第十三地点。这两个地点都发现了大型的砌石建筑基址，其范围内未见墓葬，性质应与牛河梁遗址中常见的作为墓地使用的积石冢不同。

牛河梁遗址第一地点是目前在牛河梁甚至整个红山文化区内发现的规模最大的

特殊结构建筑群。《牛河梁》将第一地点遗迹分为 4 个建筑址，其中 2 号建筑址为最核心遗迹，总面积约 4 万平方米。新的考古发现显示第一地点的 2 号建筑址是一个由多座台基建筑组成的多功能的建筑群，面积应超 6 万平方米，其他 3 座建筑址为这一建筑群上的功能建筑。台基由垫土、积石按一定规律砌筑而成，部分台基的垫土深达 3.5 米。从不同垫土层位出土的可拼合陶片的情况看，台基的砌筑工程的持续时间可能并不长。

十三地点由于工作开展较少，认识相对有限。从目前的发现来看仅能确定其整体为圆形，由中心部分直径 40 米的夯土和最大直径 60 米的三重石砌围墙组成，在夯土和石墙之间填充石块。由于受到夏家店下层遗迹、汉代墩台和近现代战壕的反复破坏，残存高度仅 7 米。预估最小土石方量可达 16 676 立方米。

第一地点由多个遗迹单元组成，第十三地点是牛河梁遗址中规模最大的单体遗迹，完成这种大型设施的修筑需要有效动员社会力量才能实现。

牛河梁山地以砂岩为主，也有部分黄土堆积，可以作为社会公共建筑垫土的来源，而较为特殊的石料则需要从较远的地方开采。

N2Z3 用作三重圆边界的为红色安山岩石柱，石柱未经人工修整，为天然的多棱柱状体，按照需要截断即可，三重石柱规格略有差异，同一圈大小较为接近：外圈石柱最大截面 10～12、高 35～40 厘米；中圈石柱截面宽 8～10、高 30 厘米；内圈界桩截面最宽 6～8、高 25 厘米。外界桩残存 63 根，中界桩残存 234 根，内界桩残存 159 根。根据残存界桩区域的圆心角（图四三），可以获取遗失部分的界桩区域的弧长及所需石柱的大致数量。

外圈残存石界桩约占外圈周长的 1/9，中、内界桩有近一半保存原位，简略计算可知 N2Z3 三重石圈所需石柱的总体积约 3.03 立方米（表九）。为获取规格适合的石柱，石料的开采总量应更高。在牛河梁遗址未见相关的加工废料，从开采到加工可能都是在开采地完成，在石料产地将石柱加工成合适的规格再运送至使用地。未见多余的石料表明在建筑设计之初已经对所需石料的数量进行了相对精确的估算。

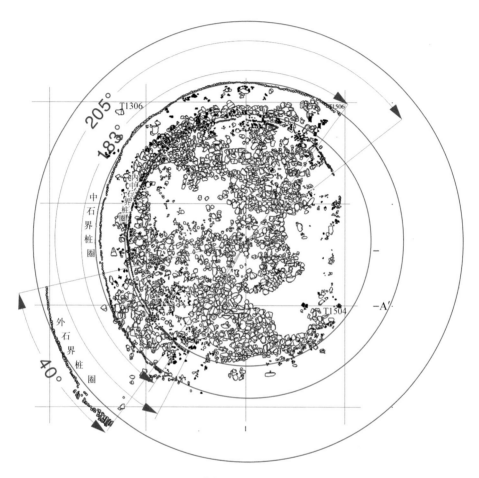

图四三　残存石界桩的圆心角计算

表九　N2Z3 所需安山岩石柱的相关统计

	残存石柱数量（根）	圆心角	石柱总数（根）	单石柱体积（m³）	总体积（m³）
内	159	205°	280	0.000 95	0.27
中	234	183°	461	0.001 8	0.83
外	63	40°	569	0.003 4	1.94
总量					3.03

牛河梁遗址公共设施修建所需石材多产自遗址区之外。N2Z3 三重石圈的安山岩石柱的最近产地位于西北距牛河梁遗址直线离约 19.8 公里处的建平县沙海镇，现今最近的路程为 27 公里。

牛河梁遗址区垒砌山台或积石冢的石块多为白色石灰岩，距离最近的石灰岩产地位于牛河梁遗址西南喀左县境内的高山上；砌筑石棺的规整石板可能也并非加工而成，与其相似的页岩石板最近的产出地也在沙海镇附近。

石料的开采与远距离运输，垫土的开采、搬运，以及最后的砌筑过程，都需要设计规划，并组织大量的人力和物力加以实施。

对牛河梁遗址目前所知的主要遗迹的初步分析可知，虽然其延续使用时间较长，但修筑所耗费的时间却相对较短，无法均摊入红山文化晚期 500 年的时间段内。虽然以积石冢为埋葬单位的墓地可能有多达二十几座墓葬，且延续使用了几百年，但作为积石冢主体的围墙等设施的形成时间则大体与中心位置墓主的埋葬时间大体相同，持续修建时间应不超过从墓主死亡到下葬的时间范围。

由于没有实验考古学的数据和有效的参照，很难准确估算完成相关设施建设所需的工时[23]，但无论如何都可以确定，完成红山文化晚期大型设施的兴建需要相当数量且稳定的劳动力来源。

除牛河梁遗址之外，东山嘴、半拉山等其他遗址也都发现了各自的不同规模的礼仪活动场所。根据大凌河上游地区调查所推知的此区域（以东山嘴遗址为中心 200 平方公里）红山文化时期（前 4500 至前 3000 年）人口为 750～1 500 人的估算，即便认为区域内人口数皆属红山文化晚期（距今 5 500～5 000 年），与东山嘴遗址相当，修建如东山嘴遗址的礼仪中心，也需要对区域内的成年劳动力做出有效动员。而牛河梁多个大规模的公共设施的营建则可能需要动员更广阔地域范围的群体共同参与。

第三节　社会团结的维护与强化

在未发生生产力水平明显提升的情况下，人口的稳定增长打破了人口数量与环境承载力的平衡，有限区域内人口和群体数量的增加意味着竞争的加剧。为获得有效的生存空间，通过分裂和迁移维持原有的群体规模以重新达到人与自然的平衡是初级社会最常见的选择[24]。分裂意味着社会仍然可以维持在原有的规模，社会关系相对简单。在社会容量和人口规模明显增加的条件下维持社会团结则对社会组织关系提出了更高的要求。实现对社会的有效整合意味着社会管理层级、关系节点的增加，即社会的复杂化。团结合作而非分裂是社会选择的结果，也是社会复杂化发展的必然结果。而在生产力有限的情况下，人口的增长和社会规模的扩大也将带来社会财富（生产总值）的提高，大量的人口也可为完成大型设施的兴建提供稳定的劳动力资源，促进社会的发展和繁荣。加强群体间的依存关系和认同，是维持社会团结最为有效的方式。

一、社会分工

社会分工的出现意味着社会异质性的增加，群体之间的分工互补形成了相互协作而非竞争的关系，促进了整体的社会团结[25]。社会分工包括生产分工和社会职能分工，前者是后者在特殊领域的具体化，手工业生产的专业化则是生产分工在手工业生产领域的具体表现，通过手工业生产过程中的分工合作提升工作效率，共同参与社会活动也有助于形成情感依赖，促进社会认同的形成。

1. 生产的专门化

基于质料和制作技术不同形成的分工是手工业生产专业化分工的第一步，红山文化中最为明显的就是陶器和玉器生产的分工。前者是火与土的艺术，考验的是对温度的控制；后者则是制石工艺的延伸，更关注物品的永久性和艺术性。制作者之间的分工带来了制作工艺和技术标准的提升，在技术分工的基础上，基于制作流程的"流水线"式的生产分工方式也随之出现。

陶器生产的专业化首先体现在日用生活陶器与非日用陶器生产者的区分，前者表现出更为明显的个体差异，制作者众多且多为自用；而非日用生活陶器不仅造型特殊，且在造型和纹饰特征方面都有着较为明显的标准化特征[26]，虽然制作者众多，但制作区域相对集中，具有依附式专业化生产的特征[27]。陶器的烧制需要有熟练控制陶窑温度的专业工匠，应是陶器生产过程中最早出现的基于生产流程的分工。

非日用生活陶器生产分工的进一步发展则表现为器物本体的生产者与纹饰制作者之间的合作[28]。这种基于生产流程的分工将制作者分散到"生产线"上，以相对明晰的标准抵消由于手工生产方式下生产者的不同而带来的偏差[29]。统一的技术标准让特定工序的生产者更容易熟练掌握生产技能，从而可以让更多的制作者或制作群体参与到生产中来，实现产量的最大化。

对筒形器的制作特征的分析显示，从器物的成型、修整到纹饰绘制，器物的不同制作阶段相对独立，相邻阶段的制作者之间并不存在单一性的依赖关系，而显示为较为稳定的多群体交叉的特征，群体之间的依存关系较为稳定（图四四）。不同工序特征的随机组合显示制作群体之间并无明显的空间距离，而应属于同一个制作工场。不同制作工序的制作者之间并无直接的联系，这种协作关系意味着更高一级的协调和管理者的存在。红山文化非日用生活陶器的生产管理主要体现在对不同工序上的生产者的整合。

器物与生产工艺的特定组合是器物标准化的特征之一，也是红山文化玉器生产专门化的重要表现。

管钻是牛河梁遗址玉器制作的重要方法，造型规整的镯、环类器物应是管钻生产的重要产品。

璧虽内外都近圆形，可以看到制作者对于圆形的不断追求，但外壁的制作采用了由方取圆的方式，内壁则采用了钻孔后琢制或磨制扩孔的方式，而未使用管

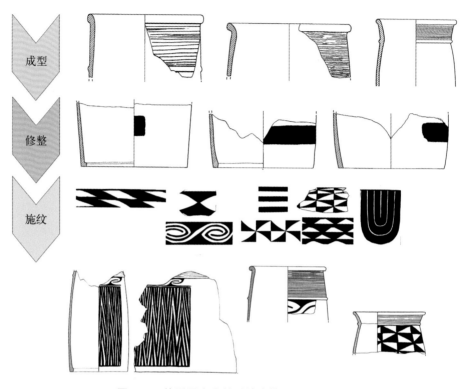

图四四　筒形器生产的"流水线"分工示意图

钻。外缘的不规则形状可能是影响制作者摒弃管钻方法的重要原因，而中心圆孔的制作也未采用管钻则可能与制作者对生产工艺的有意识选择或特定器物的制作规范有关。

　　管钻产生的废料较为规整，并且可以作为生产其他产品的重要原料，牛河梁遗址出土的经过修整的钻芯也证明了这种再利用过程的存在，而玉璧中央钻孔所采用的制作工艺并不会产生成型的可以进一步加以利用的边角料。从资源的充分利用角度来看，其所采用的生产工艺并不符合对原料的充分利用原则。而从生产效率来看，管钻开孔应当更为简便快捷，而这种不顾效率的方式则反映着制作者，或者是制作规范对于器物形态的较为严格的要求。

　　玉料来源并不固定，在牛河梁遗址发现了来自岫岩和西伯利亚或吉黑地区的两种玉料，共同的产品都只见玉璧一种，玉璧的制作规范未因原料来源的差别而有所不同。制作方法的一致则显示玉器的制作加工过程可能受到了相对严格的管理和制约。

斜口筒形玉器横剖面呈扁圆形，内外壁的不规则形状对制作工具提出了要求，即只能通过绳锯切割的方式控制形状，而不能采用红山文化中已经成熟的管钻技术。

勾云形玉器等扁平状的器物皆采用片锯切割，虽然受原料大小的影响，但器物的比例大体相似，基本形制也相对一致。勾云形玉器的造型皆采用左窄右宽的设计，双勾型的造型是单勾型的对称组合，两种造型的勾云形玉器在制作和使用方面并无差别。勾云形玉器纹饰特征的细分则提示着玉器的制作可能存在与陶器制作相似的依据生产流程的分工。

通过沿整体造型走向打磨的瓦沟纹形成器表的高低及弧度的变化，构成勾云形玉器基本的纹饰特征。中央卷勾部分的瓦沟纹与右下卷勾的瓦沟纹有各自独立的纹饰（B 类纹饰）和连续纹饰（A 类纹饰）两种（图四五）。因为瓦沟纹

图四五　勾云形玉器器表纹饰分类示意图

1、2.A 类纹饰　　3、4.B 类纹饰

更关注器物的整体特征，而较少强调纹饰的独特性，这种在整体一致基础上的细微差异并不明显。采用不同纹饰的器物的制作方式与勾云形玉器的两种造型的区分没有明显的关系，未发现器型和纹饰特征存在固定的组合。器型和纹饰的不固定组合表明，器物成型和纹饰制作可能分别由不同的制作群体完成，且基本未见两个制作工序的制作群体之间的固定组合关系。器型与纹饰的相对独立变化显示不同制作环节中多个制作者的存在，而二者之间的随机组合则显示他们之间的距离不远甚至可能属于同一制作工场。

玉器采用各不相同的制作工艺生产，同类器物制作规范的一致与不同器物之间长期共存的差异特征提示着其制作地点和制作群体的不同。牛河梁遗址虽然出土了大量造型、工艺不同的玉器，但并未发现制作玉器的遗迹，牛河梁遗址并非玉器的生产地，而是玉器的主要消费或使用地点。半拉山墓地[30]发现了少量作为随葬品使用的玉器加工的半成品，目前发现的均为采用管钻的镯、环类器物的半成品和钻芯，而未见其他；敖汉旗大甸子村大瓜翅遗址发现了斜口筒形玉器的坯料、丰收乡骆驼营子遗址出土斜口筒形玉器内芯[31]、双井董家营子遗址、贝子府镇柳北西遗址都有玉器坯料出土，这些可以为上述"不同的器物可能在不同地点制作完成"的观点提供证据。

生产者和生产场所之间的差异意味着玉器的生产需要动员不同地域的人群，不同地点制作的器物以符合社会规则的方式出现在其流通和使用过程的终端（墓葬），器物按照一定的分配原则从多元的生产者汇集到使用者的手中，相对严格的制作规范提示着从生产到分配的过程中可能存在社会的统一管理。

陶器的专业化生产首先体现为功能不同的陶器存在相应制作要求的差异，日用生活陶器造型简单、缺少变化，礼仪活动用陶器的器形和纹饰变化较为明显，在生产程序上显示存在较为复杂的分工。"流水线"式的生产流程将更多的生产者和群体整合到生产的过程中，最大范围动员区域人群。玉器的生产则在此基础上，让更大地域范围的生产者共同参与到社会"神圣"产品的生产中，有效增加社会团结和参与的范围。

与特殊礼仪行为相关的陶器和玉器的制作都显示出多群体参与的特征。筒形器是需要在短期内完成相当数量生产并投入使用的器物，且其与礼仪活动密切相关，也就是说参与器物制作的人也间接地参与了礼仪活动。动员更多的人从事共同的事业，增加在活动中的联络，也增加了社会公共活动的参与度，为同一目标共同奋斗的经历有助于提升群体对活动的参与度和认同感。

除了手工业生产的专业化分工之外，社会职能分工是涉及领域更加广泛的分工模式，特殊产品的生产显示出了复杂的分工模式，虽然依据目前所获得的资料我们无法确认这些手工业生产者是专职从事手工业生产的人群，但特殊器物生产的专业化带来了人群的分化，直接参与礼仪活动的人群、通过参与相关器物的生产间接参加礼仪活动的人群等。各类人群以不同方式参与社会生活的重要事件当中，成为有效维持社会团结的动力。

2. 聚落群之间的功能分化

聚落功能的分化是社会分化的重要表现，居住址、墓葬、窑址等不同功能区在同一个区域或同一个遗址出现，意味着其所代表的人群内部相对独立和自给自足的生活方式。不同功能遗迹在空间上的分离是聚落功能分化的重要反映，调查发现多个遗址（居住址）共用窑址等设施的现象则意味着遗址之间联系和依赖增强。

墓葬和礼仪活动场所与居住址的分离是红山文化中晚期便已普遍出现的特征，调查在多个区域都发现了多个遗址点聚集分布的现象，空间距离较近、遗迹功能互补的遗址之间形成了小的聚落群，聚落群的分布范围和规模也存在差异。分析显示聚落群规模的差异与特殊礼仪活动中心的规模有关，作为区域内规模最大的社会公共活动中心，东山嘴遗址群的规模则明显高于其他几个聚落[32]，聚落群之间规模的差异与其在社会公共活动中的参与程度和地位有关。

社会分工不仅增加了个体之间的联系，也改变了单一聚落址自给自足的状态，出现了群体之间的分工和协作，为实现更大范围的社会团结奠定了基础。

二、礼仪活动与社会认同

社会分工动员了更多人群直接或间接地参与到社会公共活动中，并借由为共同目标所奉献和付出的劳动增强群体情感皈依和达成社会共识。而作为其中最为核心的内容，在不同人群范围内发生的社会公共礼仪活动为统一意识形态的巩固起到了重要的作用。

在聚落集群的区域内，都有规模大小不等的社会公共礼仪活动中心[33]。牛河梁遗址小群体分化明显的第二和第五地点发现了与积石冢（群体埋葬区）性质不同的遗迹，无墓葬，报告称之为"坛"。

N2Z5 位于第二地点最东侧，与其他遗迹的构筑方式相似，先垫土，而后在垫土上砌筑石墙。垫土下发现三具人骨，皆南向，无墓坑，无随葬品，可能是N2Z5 修筑时奠基行为的结果。石墙为单层石块，较平整一侧向外，整体为长方形，方向 174 度，南北长 19.2，东西宽 14.6 米。石墙内侧摆放筒形器。在石墙构成的长方形区域中部距南墙 8.5 米处，有东西向砌石带，将区域分为南北两部分，东西两端分别与东西侧石墙相接。区域北侧中心部位有一大石块堆砌的石堆，石堆叠压在灰坑上。由于未对灰坑进行解剖，尚不清楚石堆的出现是否与灰坑的功能有关。

N5SCZ3 位于第五地点上层的 1、2 号冢之间，先以大石块儿初步垫平西北侧的凹陷基岩坑，而后铺棕红色垫土，在垫土上以单层石块砌筑石墙，东西墙平行，西墙略短，整体形状近不规整的梯形，方向 148 度。石墙内侧以石块填平。在积石与垫土之间发现四具二次葬人骨，头向西南，无墓圹和随葬品。

第二地点和第五地点的两座长方形"坛"的基本结构和砌筑过程较为相似，皆在垫土上以单层石块排列构成区域边界，在修筑过程中都举行了"奠基"活动。这种不作为埋葬区使用的特殊遗迹只出现在多群体共存的地点，与积石冢遗迹同时，应为各地点所各自拥有的礼仪活动区。通过发生在特定地点的共同的礼仪性行为整合多个小群体。

第一地点和第十三地点是以单一或性质相近的多个遗迹单元组合出现，且独立占据一个区域的特殊遗迹，从其分布位置上并未显示出与其他以墓葬为主的特定遗址点关系密切的迹象，因此第一地点和第十三地点是牛河梁遗址较为特殊的功能性建筑，为整个遗址区所共用。而目前在其他地区，还没有发现类似的功能性建筑，不排除牛河梁遗址的这些特殊礼仪活动设施可能为区域全体成员所共有。前文对这些特殊功能遗迹在建筑过程中所需人力和物力的简要分析表明，这些公共设施的营建需要动员更广泛区域内的大量人口，因建筑时间有限，短时动员人力规模可能远超牛河梁遗址区所反映的人口基数，这可能也是全社会共同营建、使用和维护的社会公共礼仪活动场所。

涉及人群范围不同的多种社会公共礼仪活动，起到了维护社会团结、强化社会一致性的作用。

除了公共设施及与之相关的社会礼仪活动之外，丧葬礼仪是考古学中能够通过对墓葬特征及埋葬行为的分析获取相关信息的社会公共礼仪活动。

对多个积石冢建筑、使用过程的分析显示，中心大墓和外围的砌石围墙建造年代相近，可以初步确定与中心大墓墓主相关的葬仪活动发生的时间应当大体开始于积石冢主体结构的建造，至封土积石所标志的积石冢使用功能的完结，而其中最能反映积石冢的使用过程和丧葬仪式特征的，当属安置在最外侧封闭围墙内的筒形器。

筒形器的造型虽较为相近，但在制作和装饰特征方面略有不同，差异显示这些筒形器可能由多个个体或群体共同制作完成。对摆放在积石冢外围的筒形器的简要统计显示，制作和纹饰特征略有差异的筒形器在分布上并没有明显的差别，而将其统一在同一个区域的埋葬行为则可能是当时社会中非常重要的活动之一，其影响范围可能远超墓主及其亲属的范畴，可能意味着这一仪式动员了牛河梁遗址社会中的大部分甚至全部的社会单元，是整个社会广泛参与的重要礼仪活动。

除了牛河梁遗址之外，在胡头沟遗址中也发现了类似的不同等级墓葬埋葬处理方式的差异，即牛河梁遗址中发现的社会规范与礼仪特征可能并非只在小区域内流行，与墓葬及社会层级的认定方面的相关礼仪行为成为维持社会团结与稳定的重要保证。

在牛河梁遗址和其他遗址中都未发现明确的与经济或生产方式有关的设施，第一地点的大型建筑址和其他建筑址内出土遗物的特殊性显明，这类大型公共设施应与特殊的礼仪行为密切相关。大型设施与祭祀礼仪的集中出现表明，礼仪性行为及其建筑是社会关注的核心，也是影响社会形态的重要因素。墓葬中所显示的社会层级的区分，是社会中存在的等级规范的反映，而与此相关的礼仪行为反过来又强化了社会对这种规范的认知和接受。这种较为特殊的却统一进行的礼仪活动是团结和影响更广泛区域内的红山文化社会的重要方式。

与社会一致性和群体认同增强相对应的是二次葬的普遍出现。在牛河梁遗址、半拉山墓地、草帽山墓地都发现了一定数量的二次葬，半拉山墓地二次葬的数量甚至接近了墓葬总数的一半。二次葬意味着墓主出现在最后的墓地中之前曾经埋葬或安置在其他地点，在条件成熟时选择"归葬"表明墓主或其后继者需要将其葬回传统墓地中的执念。这是对群体回归意识的一种体现，"落叶归根"是基于对群体的深度认同。二次葬也提示着人的活动范围可能与埋葬区域相距较远。

社会分工和礼仪活动强化了更广阔空间范围内的社会认同和群体意识，而二次葬的出现则显示这种群体意识有着深厚的民众基础，成为红山文化社会团结和统一的底层保障。

小　　结

物质基础决定上层建筑，上层建筑是物质基础的反映，并反过来作用于物质基础。关于红山文化的生业方式和生产力发展水平我们所知甚少，只能从社会组织结构的变化大略了解红山社会的发展。

红山文化时期人口数量有了明显的增长，虽然并未显示出明显的聚落规模的扩大，区域范围内聚落数量的增加也是人口增长、人口密度增加的表现。

人口的增加和社会规模的扩大对社会制度和管理体系提出了新的要求。社会分层所显示的等级分化的加重、社会垂直管理层级的增多都意味着组织结构的复杂。社会中横向群体分化和并行的社会群体的出现则显示管理空间范围的扩张。同一社会体系在纵横两方面的综合发展，表明社会已经从无秩序地自然管理中发展出相对规范和有效的社会管理体系。

红山文化晚期全社会广泛参与的社会公共礼仪活动、与此相关的大型设施的兴建、陶器和玉器等特殊产品的生产都显示社会中已经存在了有秩序的管理，甚至可能已经出现了相关的"管理机构"。

生产的专业化分工、聚落之间职能的分化，以及大型社会公共活动中的有序组织和管理，有效地抵消了由于人口增加而带来的群体分化，乃至社会分裂的倾向，将红山社会紧密地团结起来，为社会的繁荣与发展奠定了基础。

第三章

礼——红山文化核心价值观的形成

礼是用以约束社会成员和社会群体行为的社会规范或社会制度，以确保社会的平稳运行和发展。仪是与之相关的行为或活动，受礼的约束，同时也是对礼的强化，因其可视化和可操作的特性，成为礼的重要传播方式和途径。在无法律强制力的社会，礼仪是维护社会团结，促进社会发展的重要方式，这也造就了礼仪活动中心的出现和繁荣。

第一节　圣　俗　分　野

仪式感是对规范的尊重和强化，分类并且区别待之是强化仪式感最重要的方式，而社会中最明显的分类就是器物与特定行为之间的固定联系，也就是不同情境下器物特征的差异。从器物功能的初步区分到特定情境下器物的使用以及使用方式与制作技术的组合方式无一不是文化选择的结果。

一、生死有别

同一种器物出土环境的不同表明其意义和功能已经发生了明显的变化，不同情境下器物特征的差异意味着人群因活动需要对器物功能有意识地区分和强调。红山文化墓葬的随葬品经历了从随葬日用生活陶器到随葬特殊功能器物的转变，红山文化早期墓葬多以筒形罐作为随葬品[1]，其与居住址中出土的筒形罐的造型和纹饰完全相同，而晚期墓地中则出现了不见于居住址的特殊造型的器物。与埋葬行为相关的器物逐渐与日用生活陶器区分开来。随葬品的变化是红山人精神层面发生变化的重要反映，显示人群对于生、死及相关仪式的明确区分。

1. 居住区与埋葬区的分离

居住址与墓葬区的分离是红山人留给我们的谜团之一。在红山文化晚期规模最大的遗址——牛河梁遗址 50 余平方公里的范围内，经过多年的调查工作仍未发现居住性遗址。对大凌河中上游地区考古调查资料的整理发现，红山文化遗址的分布存在着北部遗址年代偏早、多为居住址，南部遗址年代偏晚、多为墓葬或礼仪活动区的规律，发掘也仅在红山文化稍早阶段西拉木伦河流域的白音长汗[2]和南台子遗址[3]同时发现了居住址和墓葬。虽然由于墓葬多无随葬品，无法确认其与同遗址的房址共时，却是目前发现的为数不多的可以同时发现居址和墓葬两类遗迹的遗址。更多的遗址则性质相对单一，要么是单纯的居住址，要么是远离居住址的墓葬区。西水泉、魏家窝铺、西台、二道梁等遗址均为延续使用的居住址，并未发现与居址相对应的墓葬区；牛河梁、草帽山、田家沟、半拉山等都发现了一处或多处埋葬地点，却并未发现居住址。蚌河、老虎山河流域[4]的调查也显示居住址与埋葬区相分离的迹象，蚌河流域的发现以居住址为主，老虎山河流域发现 8 处红山文化遗址，其中 7 处为有冢或坛的祭祀性遗址。采用同种方法在赤峰和大凌河上游地区开展的区域系统考古调查的结果也显示出类似的特征，赤峰地区[5]没有发现如牛河梁遗址那样大型的礼仪性建筑；大凌河调查[6]区域内的东山嘴遗址[7]则是影响范围相对较大的宗教或祭祀的场所。

埋葬区与居住区的分离是社会和聚落职能分化的重要表现，也意味着群体的活动范围和生活半径的扩大，埋葬区之间的区分与距离可能是人群居住和社会关系距离的反映。多个埋葬区的相对集中分布则表明多个相对分散的居住区之间可能存在的广泛联系，牛河梁、田家沟等地发现的多个积石冢地点可能代表社会关系密切的多个聚落，而非一个集中的生活居住区。

2. 器物群的区分

陶器是红山文化出土数量最多的遗物，根据出土环境的差异大体可以分为日常实用陶器和非日用陶器两种，而这种区分是随着红山文化的发展出现的。白音长汗遗址的红山文化早期墓葬还见使用筒形罐随葬，其与房址内出土者并无差别，并不是专为随葬而作。从红山文化中晚期开始，随葬品多以玉器为主，随葬陶器也与日用陶器不同，墓葬中出现的彩陶盖罐并不见于居住址[8]，不再见以日用生活陶器随葬的现象。日用生活陶器与墓葬随葬陶器出现了较为明显的区分。

非日常实用陶器造型较为特殊，如筒形器和造型变化更为多样的"塔形器"，皆以无底中空为主要特征，无法用以实现日用生活陶器的盛装等使用功能。

红山文化晚期不同地点出现的筒形器在器形、尺寸方面皆较为相似，口底相近，体较高。塔形器虽然变化多样，但器物的基本构成相似，大体皆可以分为三个部分，分别为底部的覆盆状大裙边、中部的镂空束腰和下侧出裙边、上侧内收的覆钵状部分和其上不同形状的顶部构成，形成从底部向上逐层增高内收的形状。目前尚未发现造型完全相同的塔形器。

日用生活陶器则以筒形罐为主，红山文化的筒形罐多为大口、小底、斜弧腹，底部多见编织纹，造型相对简单（图四六）。

前者多见于墓地或特殊功能建筑中，关注点则在造型和纹饰的特殊性上；而后者以实用功能为主，多出于居住址，造型相对简单。为适应不同的使用情境制作不同的器物，显示红山人对于涉及不同功能活动的有意识区分，而对不同器物制作工艺的不同选择，则是对这种有意识区分的进一步强调。

3. 制作方式的选择

陶器的制作过程可以粗略划分为原料选取、陶器制作和烧成三个步骤。使用情

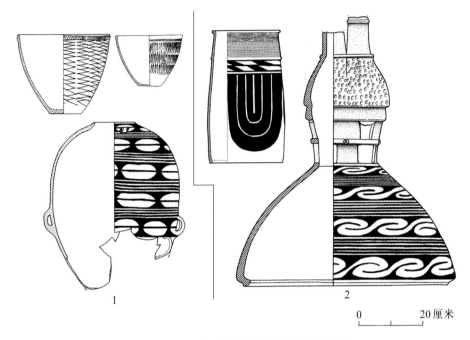

图四六　日用生活陶器和祭祀礼仪用器示例
1. 日用陶器（西台遗址出土）　2. 祭祀礼仪活动陶器（牛河梁遗址出土）

境和功能的不同，对器物的制作提出了不同的要求：筒形罐等日用生活陶器着重于盛储物品的使用功能，器物更加致密坚固；而筒形器等非日用生活陶器则关注其展示和象征意义，着重点为外形及装饰，多造型奇特、颜色鲜艳。因此，非日用生活陶器多为颜色鲜艳的红陶，部分为红地黑彩陶，日用生活陶器则更关注其作为存储器的功能，多以灰陶为主。陶色的差异表明两类器物烧成氛围的要求不同，非日用生活陶器在氧化气氛下烧成，而日用生活陶器则采用还原焰烧成，陶窑的特征也可能存在差异。

目前仅在赤峰四棱山[9]和上机房营子[10]发现了烧制筒形罐、钵、壶等日用生活陶器的陶窑，而未见烧制筒形器等非日用生活类陶器的陶窑。筒形器的陶色较为一致，皆为红色，未发现器表色泽不统一的现象，这表明制作者对于窑温及烧成环境的控制技术较为成熟。虽然在出土筒形器数量最多的牛河梁遗址也未发现烧制

97

筒形器的窑址或生产筒形器的作坊，考虑到山地环境运输不便，其烧造地点可能与陶器的使用地点相近。器物制作要求和烧造特征的差异表明在红山文化中已经出现了基于器物不同功能而有的陶器生产的分工。

陶土成分是判断不同类型陶器原料选择规律的重要依据，大凌河上游地区区域系统考古调查将 200 平方公里的调查区域细分为四个小区域，对小区域内采集陶片的陶土成分分析显示，虽然同区域日用陶器的化学组成差异较大，而非日用陶器的化学组成则非常集中，但二者之间的差异却明显小于不同区域之间陶土成分的差异。这表明两类陶器的制作皆选用了当地的陶土，制作非日用生活陶器时采取了更加严格的陶土选取和处理流程，去除了更多的杂质[11]。虽然两类器物选取的原料并无明显差异，但在陶土的淘洗流程上，非日用生活陶器的制作花费了更多的时间和人力。

从制作技术的角度看，两类陶器可能都存在慢轮修整，但制作过程中并未发现轮制的特征。在器物制作所显示的工作流程和分工方面则有非常明显的不同[12]：

筒形罐虽形制变化不大，但个体差异较为明显，未发现器形、纹饰完全一致的器物。筒形器的器形、纹饰都具有规范性的特征，牛河梁遗址集中出现的数量庞大的筒形器虽然存在可细分的可能，但整体造型和大小相对一致，显示出明显的规范化特征。制作成型、修整、纹饰制作各工序都显示出了不同的特征，这种特征的差异表明器物的制作过程有多个或多组个体或群体参与，而不同特征各自的延续渐变则提示着每种特征皆属于一个长期存在的技术群体。而多种特征的组合方式显示出筒形器生产的复杂分工和规模化的"流水线"式的生产流程，筒形器的生产是多个制作者共同合作的结果。

筒形罐等日用生活陶器多为使用者自行制作，因此个性化特征较为突出，而非日用生活陶器的生产显示出批量化生产的特征，受社会统一规范的影响更为明显。

红山社会在两类陶器生产的投入上存在明显的不同，在漫长的时间内，日用生活陶器似乎并未发生明显的变化，非日用生活陶器普遍体量更大，纹饰和形制变化更加明显。红山人将更多的时间和热情投入到社会公共活动和与之相关的产品的生产中，数量和体量都很庞大的非日用生活陶器的生产显示了红山人高度复杂的生产组织管理模式和生产能力。

本地传统的筒形罐仍然广泛应用于日常生活领域，而吸收引进的彩陶工艺则更多应用在了宗教和祭祀礼仪场所。

二、圣俗分野

居址与墓葬出土遗物特征的差异是红山人对于生、死两个世界的区分，筒形器从器座的实用功能中分离出来，成为与葬仪相关的最重要的器物。红山文化晚期筒形器的形制和使用环境的进一步细化，是红山社会职能分化的重要表现，这也是红山社会对不同社会公共活动内容的规范和细分。

1. 礼仪活动的规范化

在居住区与埋葬区分离之后，墓葬曾在相当长的一段时间内是重要的祭祀礼仪活动场所，随着祭祀礼仪活动的多样化，祭坛和其他大型社会公共设施的出现，墓祭、葬仪与其他的礼仪活动才逐渐区分开来，对祭祀、礼仪活动的方式与内容的规定也渐趋严格。

根据祭祀内容和对象的不同，祭祀方式大体可以分为坎祭、庙祭、坛祭等多种方式。根据后世文献的记载，坎祭用以祭地，筑坛用以祭天，坛祭可再细分为圆坛祭天、方坛礼地。在牛河梁遗址，可以发现祭祀礼仪活动逐渐严格和规范化的特征，祭祀对象可能也逐渐发生了变化。

祭祀坑是挖地为坎的祭祀方式，主要见于牛河梁遗址下层积石冢阶段，堆积与普通灰坑略有不同，通常较为复杂，但不见陶器及其他遗物。以牛河梁遗址第五地点 JK8 为例，堆积分五层，由上到下分别为：白沙土—红烧土—小石粒层—白沙土—灰土（图四七）。有些则在坑底铺满小石块，上部仍为白沙土，出土遗物则略有不同，或以筒形罐等日用生活陶器兼作祭祀用器，或采用成组出现的彩陶罐、折腹钵作为祭祀礼仪活动用器（图四八）。

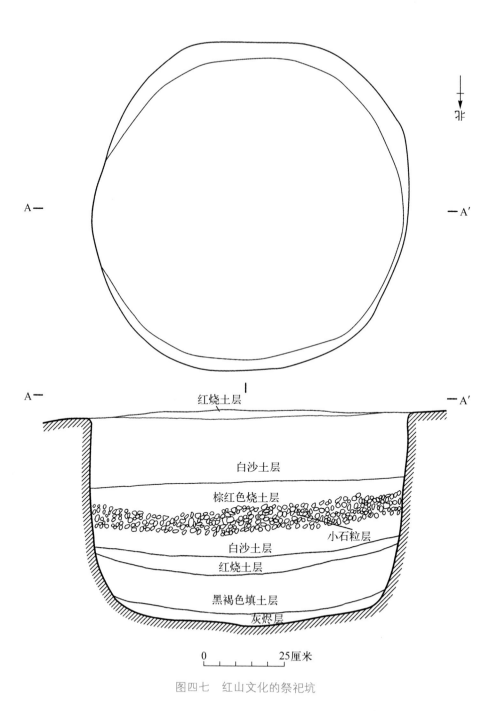

北

红烧土层

A — — A′

白沙土层

棕红色烧土层

小石粒层

白沙土层

红烧土层

黑褐色填土层

灰烬层

0   25厘米

图四七 红山文化的祭祀坑

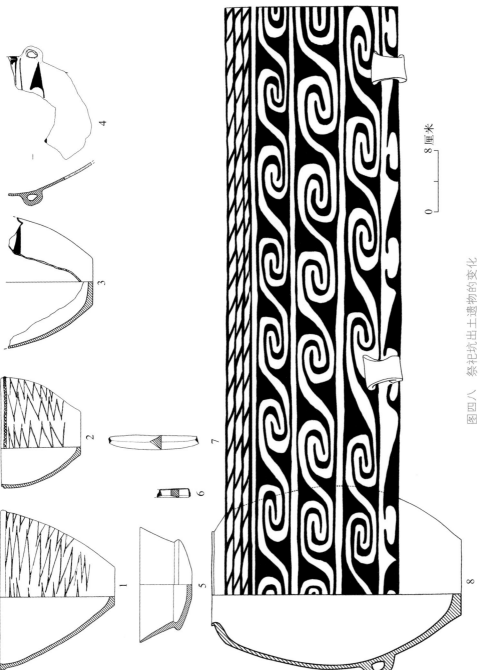

图四八　祭祀坑出土遗物的变化
1～4. N5JK5 出土陶器　5～8. N5JK1 出土器物

这一时期祭祀坑内出土遗物与墓葬出土陶器及组合方式较为相似（图四九）。

至上层积石冢阶段，祭祀方式发生了明显变化，祭祀坑基本消失而代之出现了垫土铺石并以规整石块儿封边的"坛"。坛分方、圆两种，方坛为不规则长方形，见于第二地点和第五地点，近南北向，以单层石墙圈定边界。圆坛主要见于第二地点中心位置的 N2Z3。

N2Z3 平面近正圆形，由立置的红色安山岩石柱作为界桩形成三层阶台，界桩内层直径 11、中层直径 15.6、外层直径 22 米，总面积 380 平方米，内界桩内侧安放筒形器并放置大石块。界桩的规格较为统一，内侧界桩最为短、细，而外侧界桩则较为粗、长。根据三重同心圆直径与天象之间的关系，有研究者提出 N2Z3 可能

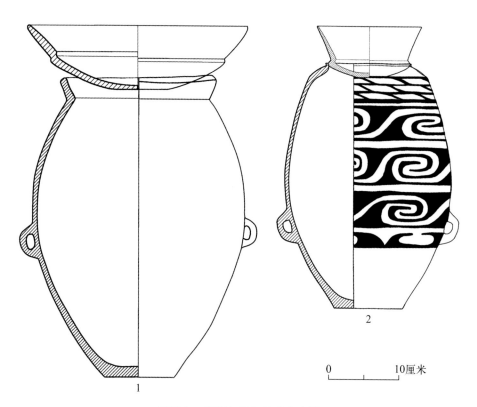

图四九　墓葬与祭祀坑出土陶器

1. N2Z4M8 出土　2. N5JK1 出土

为祭天的"圆坛"[13]。

N2Z3 的三重同心圆"坛"并非牛河梁遗址的孤例，年代稍早的 N2Z4B1 和 N2Z4B2 也由三重同心圆构成，从外向内渐趋高起，不见同时期墓葬（表一〇）。N2Z4B1 的三道石墙的直径分别为 19.2、17.4 和 15.6 米，N2Z4B2 三道石墙的直径分别为 15.3、13.4 和 12 米。N2Z4B2 的筒形器放置在中墙和外墙之间，摆放位置的变化及三重围墙间距比例的变化显示，N2Z3 的遗迹特征应是继承自 N2Z4B[14]。筒形器的特征也略有不同，N2Z3 出土的筒形器与叠压 N2Z4B1、N2Z4B2 的 N2Z4A 的筒形器相同，皆为 B 型筒形器，N2Z4B1 未发现筒形器，N2Z4B2 放置的是较矮的 D 型筒形器。地层关系和器物特征都显示，圆坛 N2Z3 延续自稍早就已经出现在牛河梁遗址的特征。

表一〇 "圆坛"特征统计表（单位：米）

编 号	围墙数（道）	墓葬	内墙	中墙	外墙	内—中墙间距	中—外墙间距
N2Z4B1	3	无	15.6	17.4	19.2	1.8	1.8
N2Z4B2	3	无	12	13.4	15.3	1.5	2
N2Z3	3	无	11	15.6	22	4.5	6.4

较早的圆坛采用大石块或石板砌筑石墙，与作为墓地的积石冢石墙砌筑方式相同，而稍晚出现，与积石冢共时的圆坛 N2Z3 则采用竖立石柱作为边界，以不同于同时期其他积石建筑的特点，从修筑特征上与同时并存的墓地区分开来。

坛和冢是红山文化两个最重要的积石类遗迹，有无墓葬是区分坛和冢的主要标志，都有石墙、积石和筒形器等基本要素，二者的分化可以追溯至集埋葬和祭祀功能于一体的"筒形器圈"墓。此类墓葬主要见于牛河梁遗址，根据分期，属牛河梁遗址下层积石冢阶段。皆为竖穴土坑墓，口大底小，坑壁贴立石板，随葬品经历了只随葬陶器、陶器与玉器共存和只随葬玉器的变化。墓上积石，积石外围以墓葬为中心摆放筒形器一圈，因此又被称为"筒形器圈墓"（图五〇）。放置在墓葬外围的

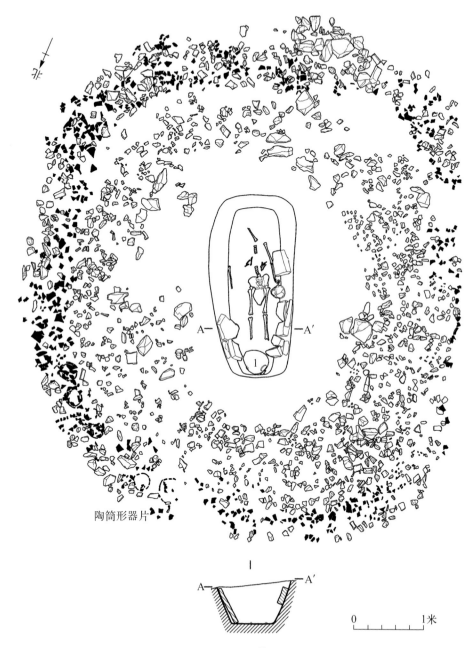

陶筒形器片

0   1米

图五〇　N2Z4M5 筒形器圈墓

筒形器和区域内发现的塔形器是专为埋葬活动制作的器物，筒形器圈是下层积石冢阶段葬仪的重要载体和葬礼结束的标志，因此也承担着相应的礼仪活动的职能。

冢皆方形或长方形，结构较为相似，由三重封闭围墙和最外层南侧不封口的U字形石墙组成，筒形器放置在封闭外墙的内侧。坛为圆形，最早的三重圆坛为N2Z4B1，石墙范围内未发现筒形器，若存在筒形器，则筒形器可能放置在外墙的外侧（表一一）。也就是说，最初的圆坛可能保留了以筒形器为边界的特征。筒形器放置在冢墙最外侧封闭石墙以内，并在一定时间内成为规范的特征。

表一一　筒形器摆放位置示意

编　号	围墙数（道）	墓　葬	筒形器位置		
			内墙	中墙	外墙
N2Z4B1	3	无	—	—	○?
N2Z4B2	3	无	—	—	○
N2Z3	3	无	○	—	—
N2Z1	3	有	—	—	○

注：○代表筒形器

根据遗迹形制特征的变化可以大体发现其功能逐渐分化的过程，随着礼仪活动的进一步细化，原本兼具葬礼和其他仪式功能的筒形器圈墓消失，代之以单独作为礼仪活动场所的"坛"和主要开展与埋葬相关活动的"冢"，并在建筑形制上进行了相应的区分。以筒形器作为重要组成部分的埋葬区则延续筒形器圈的葬仪功能，作为高等级个体特定的埋葬形式，兼作墓葬和与葬礼相关仪式活动的场所。而与此同时，与埋葬相关的礼仪行为也发生了分化，数量较多的无石墙等附属建筑的墓葬的相关礼仪活动则可能愈加简省或在公共区域举行。

除了传统埋葬区功能的分化之外，礼仪活动内容扩展的同时带来了新的活动场所的营建。牛河梁遗址第一、第十三地点的大型高台建筑应当就是这种礼仪活动繁盛的结果。第一地点的修建选择了牛河梁遗址区海拔最高的山脊，依托山势，通过垫土和积石形成平台作为公共礼仪活动的区域，同时在第一地点大型山台建筑周边发现的更多功能区域则意味着这是一个综合活动场所。第十三地点是平地堆土、砌石建筑起来的高台建筑，三重石墙层层高起，似为 N2Z3 的扩大版。

虽然我们目前无法确切了解这些特殊建筑的功能，但这无疑都显示着礼仪活动及其涉及人群范围的多样化。仪式与特定环境、场景的稳定联系意味着社会中祭祀活动的对象和规范逐渐完善，开展祭祀活动的区域规模增加，参与活动的人群也有所扩大。

葬仪至上层积石冢阶段仍然延续，只是祭祀对象有了更为严格的限制，与此同时，由于祭祀地点由祭祀坑逐渐转移到祭坛，祭坛的范围和规模也逐渐扩大，并且出现了层级的分化。第五地点和第二地点都出现的长方形祭坛可能属于各地点的祭祀活动场所，而第二地点中部圆形祭坛因其形制特殊、规模较大，有可能属于更大规模的群体。

小群体各自祭祀单元也分别出现，如胡头沟遗址所发现的围绕中心大墓墓主开展的葬仪，半拉山在墓地功能结束之后所修筑的祭坛皆属于上层积石冢阶段的祭祀礼仪行为。从祭祀方式上来看，从以挖坎（祭祀坑）祭地、筑坛祭天逐渐规范为方坛祭地、圆坛祭天。

2. 简形器的再分化

简形器是红山文化晚期最重要的与礼仪活动相关的器物，与前一阶段相比，简形器的数量增加，分布范围扩大，器形和纹饰都转向了与兴隆洼文化流行的简形罐相似的风格。自口部以下开始施纹，采用弦纹、凸棱和主体纹饰的三段式纹样布局。与此同时，简形器的特征也发生了细微的变化：

在牛河梁遗址中出现了总体特征相似，形制变化趋向基本相同，仅颈部特征略有差别的两种造型的简形器（图五一）：B 型简形器，直口或敛口，腹壁微弧，口、腹、底在一条近直的弧线上；C 型简形器，口外敞，口下弦纹带相对较

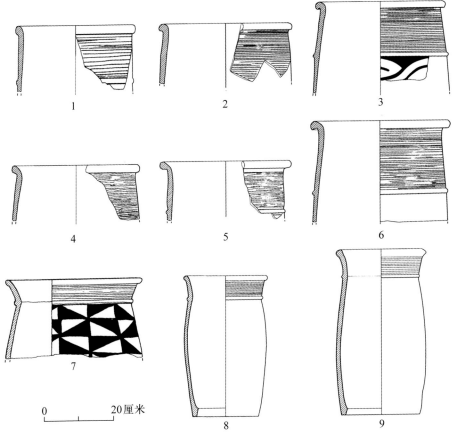

图五一　B、C型筒形器口部特征对比图

1～6.B型筒形器　7～9.C型筒形器

窄，其下至凸棱位置内收，而后外弧，在凸棱处形成相对明显的弯折。目前C型
筒形器发现较少，主要集中在第一地点，散见于积石堆积中，南营子东梁积石冢、
N2Z3垫土层中有零星发现，无法确定其原初使用位置。N1J3[15]是C型筒形器出
土最为集中的遗迹单位（图五二），从筒形器的分布情况来看并非其使用位置而是
功能结束后的埋藏位置。N1J3位于第一地点东侧山坡上，地势相对较低，从其所
处位置推测遗迹内出土筒形器的使用位置应在第一地点山脊上所修筑的平台上。

　　B型筒形器分布较广，在牛河梁遗址的多个地点、半拉山、田家沟、胡头沟等

图五二　N1J3 筒形器堆积

遗址都有发现，使用位置相对清晰，皆规整摆放于积石遗迹（冢或坛）的石墙附近（图五三）。

陶器特征的细分及其使用环境的相应变化显示二者功能上的细化，祭祀礼仪活动显示出更加规范和严格的特点。

3. 礼器

"礼制"是通过社会认同、舆论等非强制的方式来划分等级、确定关系和限定行为的社会规范，内容可以包括穿戴配饰、祭祀规格和丧葬仪式等多个方面。

礼器是在礼仪活动中使用的器物，是礼制的物质载体。陶器中造型特殊、中空无底的筒形器和塔形器以及频繁出现在墓葬中的玉器成为红山文化最为人熟知的礼器。

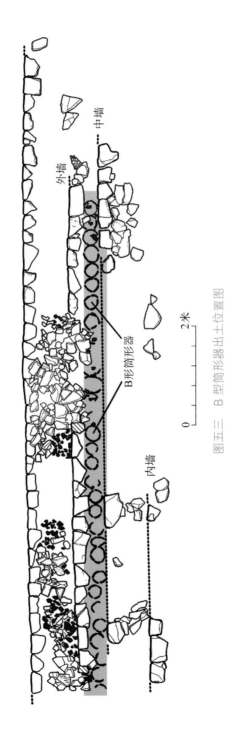

外墙

中墙

B形筒形器

内墙

0　　　　　　　　2米

图五三　B型筒形器出土位置图

虽然数量相差较多，但从目前的发现来看，筒形器和塔形器是葬仪活动中最常见的组合。在牛河梁遗址的下层积石冢阶段，筒形器位于墓葬外围，用以标示墓域，塔形器则较难确认其使用位置，但可以确定在筒形器所圈定的范围内。塔形器和筒形器的制作和使用成为葬礼的重要组成部分。

至牛河梁遗址上层积石冢阶段，虽然改用石砌围墙作为确定墓域的边界，但筒形器仍是礼仪活动的重要组成部分，其意义范畴也有所扩展，不仅出现在墓葬区，也出现在其他礼仪活动区，成为在此基础上进一步划分礼仪活动内容的标志。此阶段虽然埋葬区内墓葬数量有所增加，不再为一冢（有边界的埋葬区）一墓，但仅有牛河梁遗址区内规模最大的墓葬外围摆放筒形器。筒形器自红山文化晚期同器座相揖别，开始成为与礼仪活动相关、在葬仪和其他社会公共礼仪活动中经常出现的器类。筒形器作为圈定墓域范围的重要标志，从牛河梁遗址下层积石冢阶段墓地中每个个体皆有的器物，到上层积石冢阶段墓地中特殊等级个体的专属器物，有了区分个体所处社会层级和身份地位的作用。牛河梁遗址第一地点与其他地点筒形器特征的差异则显示与礼仪行为相关的规范的进一步完善和细化。

玉器也是礼仪活动的重要用器，却因为相关信息的缺失无法了解其在礼仪活动中的具体功用，而其在墓葬中则明确显示了确定等级次序的作用，随葬品的种类与数量根据个体所处层级的不同有所差异，对同类物品则遵循相同的使用规范。如墓主性别与玉镯、玉璧的使用位置，勾云形玉器、斜口筒形玉器在墓葬中的使用方式等。

用于礼仪活动的器物在制作方面也存在繁杂而严格的规定，制作技术的选择也是社会对"礼"的贯彻的反映。

在兴隆洼文化就已经出现的旋转技术[16]早已用于玉器的加工和制作，其原理也与制作陶器的快轮相同，这种旋转技术在红山文化时期也得到了更好的发展，造型规整的环镯类玉器应是采用此种方式加工的。但这种技术并未应用到陶器生产中，造型相对规范的筒形器仍为手制，而可能仅采用了慢轮修整技术。同样以圆为主体形状的璧也仍然采用传统的手工打磨或琢制扩孔的方式制作。这种制作方式的差异一方面是对制作传统的坚守，而另一方面则可能与器物的神圣属性有关，或许只有这种传统的、需要投入更多时间和精力，但并不先进的制作方式更能表达制作者的敬意。

4. 建筑形式的分化

红山文化的建筑可以分为半地穴式房址和地上建筑两种。半地穴式房址是红山文化最为典型的居住址。规模通常不大，目前发现最大的半地穴式房址应为西水泉的 F17，面积约 100 平方米。灶为房址最重要的组成部分，有方形、圆形和瓢形等多种形制。半地穴式房址分布范围广、多聚集分布，房址聚集区外围多有环壕，环壕兼具界定和防御功能，西台遗址甚至出现了环壕之上三门道的出入口。随着人口的增加和居住区的扩展，环壕的位置也相应向外围扩展。

地上建筑的形式较为多样，包括积石冢的地上部分、祭坛和地上台基式建筑。无论积石冢的"冢墙"还是山台的边界，皆利用山体，不挖槽，地面起建，再通过垫土、积石形成高出地表的平台。地上台基式建筑目前只见东山嘴的圆形祭坛、方形台基址，牛河梁遗址的坛和大型平台建筑。

东山嘴遗址北侧的石砌建筑基址修筑在黄色硬土层上，由北侧的方形基址和东西两侧翼部分组成，翼墙的外侧砌石较为平齐，内侧并未做太多修整，在翼墙内侧皆有平铺石板，东西翼墙与方形基址石墙等距，从"两翼"石墙及其分布位置与标准地层的对比，可知二者应属于一个整体。建筑东西长 23.8 米，进深 9.5 米（翼墙南部有石堆，暂不了解其与翼墙的关系，不将其计算在内）。

建筑内未发现灶等与居住址关系密切的遗迹，在其范围内有多组由竖置石柱组成的圆形石堆，可能与礼仪活动有关。

牛河梁遗址的石砌建筑基址修筑在以垫土、积石砌筑的台基上，也未见灶等生活遗迹。这类建筑多位于山坡或山梁顶部，远离生活区，是红山文化的礼仪活动区。

不同功能区域建筑形式的差别表明，在红山文化晚期，礼仪活动已经与世俗的日常生活有了明显的区分。两类建筑的劳动力和社会财富消耗差别明显，其建造所动员的人群的数量和建筑的性质都存在显著差异。

无论是器具特征、建筑模式都显示出红山文化已经出现了明显的对不同功能区的划分，与礼仪等社会公共活动有关的内容发展变化较快，是先进的社会发展水平的代表。

第二节　区域社会中心的出现

在有限的区域里，随着人口的增加、社会群体规模的扩大以及小群体的出现，人群之间的联系和交往逐渐增强，社会分工增加了群体之间的交换和依赖，联系密切的群体形成了更大规模的聚落集群。聚落集群中包含的多个聚落址也存在规模的差异，或称为聚落分级，多层级聚落的出现常常被认为是社会复杂化的重要特征。

一、聚落规模的分化与聚落集群的出现

考古调查是从宏观角度获取聚落分布的途径，对多个区域或流域调查结果的分析都显示出不同规模的聚落集群分布的特征。分布位置相近的多个单一功能聚落单元形成功能互补的完整聚落，聚落之间根据联系和依存关系的亲疏聚集成更大规模的聚落群，聚落、聚落群之间都以较为宽广的空白地带作为区分。从聚落单元、聚落到聚落群的多层级聚落模式代表了外延逐渐扩大、联系的密切程度逐渐减弱的社会关系，以及由此所带来的管理内容略有差异的多层级的社会群体。聚落规模的大小通常是判断聚落分级的标准，也被认为是多层级聚落的直观表现，多个区域的调查都发现了不同规模遗址聚集分布的现象。

蚌河流域[17]考古调查面积约70平方公里，发现红山文化遗址23处，根据遗址规模的差异和不同规模的遗址在空间上的分布规律，确认蚌河流域可能存在以最大型遗址为中心，各包括多个不同规模遗址的两组遗址群[18]，两个聚落集群共同

组成一个区域的聚落联合体，即蚌河流域可能存在一个具有三级结构的社会集团。

教米河上游考古调查[19]将发现的127处遗址，根据空间分布情况分为5个群组，根据遗址面积的不同，同一群组内又可区分出大型中心聚落、中型次中心聚落和小型普通聚落。

少郎河（西拉木伦河支流）流域调查[20]发现遗址24处，形成了由特大型聚落、大型中心聚落、中型次中心聚落和小型普通聚落共同构成的聚落群。

半支箭河（老哈河支流）中游调查[21]发现红山文化遗址19处，根据遗址面积的不同也可分为特大型聚落、大型中心聚落、中型次中心聚落和小型普通聚落[22]。

赤峰地区[23]和大凌河中上游流域[24]的区域系统考古调查也获得了近似的结果。赤峰地区调查面积1 234平方公里，采集点的分布相对分散，根据采集点的集中分布情况划分出多个空间集群，调查者称之为"地方性社区"，总体规模都相对较小，仅有两个规模较大，估算人口在50～100人左右，而超过100个地方社区为只有1～2个家庭的小型农庄。

大凌河上游地区包括东山嘴遗址在内的200平方公里的调查区域内识别出134个地方性组织，根据集群的空间分布特征，确定了由多个地方性组织构成的4个更大规模的聚落集群，这种聚落集群被称为"超地方性社区"，部分超地方性社区内有多达10个的小型地方社区。

与赤峰地区相比，大凌河上游地区的聚落集群不仅分布密集，聚落集群之间的关系也更加复杂，形成了规模更为庞大的"超地方性社区"。而二者之间最为明显的差异在于大凌河上游地区发现的这4个超地方性社区内可能都有一个礼仪或宗教中心。两区域在聚落集群特征方面的差异可能与所在区位的不同有关，大凌河流域是与宗教、祭祀礼仪行为相关活动的"核心区"，而赤峰地区则是"边缘区"。东山嘴聚落群规模最大、礼仪活动遗存更加明显，可能是大凌河上游调查区域的礼仪活动中心。

多个遗址点之间聚群分布和聚落规模的分化是红山文化时期的普遍特征，出现了不同规模遗址的聚群分布，区域社会组织逐渐完善，聚落群中规模最大的遗址成为区域的中心。

二、聚落集群的关系：以牛河梁和胡头沟遗址为例

聚落关系可以进一步解读为联系密切程度不同的人群之间的关系，同一聚落的人群较不同聚落的人群之间的联系和彼此依赖程度更强，而聚落规模的差异则意味着不同群体规模或群体资源占有量之间的差别，以及在社会中的话语权的不同。前者只标示人口数量的不同而后者则兼具等级分化的含义。调查者认为聚落群（超地方社区）之间并不存在行政上的隶属关系，但可能存在宗教或祭祀礼仪活动的覆盖范围的不同，如大凌河上游地区虽然发现了4个相对独立的超地方性社区，但可能发生以东山嘴遗址为中心的，调查区域人群都参与的某种宗教或祭祀行为[25]。聚落和聚落群规模的差异如何反映社会群体的关系是认识红山社会的重要切入点，零星的居住址的发掘资料很难从宏观上讨论聚落群之间的关系，暂且只能从材料相对丰富的墓葬资料入手。

牛河梁遗址发现了多个以"积石冢"为单位的埋葬区，各区域边界清晰，是同一群体成员连续使用的墓地。多座等级较高的"中心大墓"是区域内不同时间段等级最高的个体。多群体分化和高等级个体的独一性显示牛河梁遗址的多个地点同属于一个大的人群单元，不同地点之间细微的差异也提示着次级群体之间存在的细微区分，是一个由多群体组成的统一的社会实体。其结构特征类似于由多个地方性社区所组成的"超地方性社区"。牛河梁遗址墓葬所显示的特征表明，在社区内部形成了较为规范的多层级的管理决策体系，出现了可以带领区域多个社会群体的领袖人物，社会群体之间的关系仍较为平等。

与牛河梁遗址一样，胡头沟也出现了相似的社会分层特征和最高等级的墓葬，社会层级结构划分的相似性表明二者可能代表采用相同组织架构的社会组织。墓葬特征的比较显示，胡头沟遗址最高等级墓葬的年代约与牛河梁遗址年代最晚的大型墓葬N2Z2M1相当。胡头沟遗址西侧被忙牛河水侵蚀，根据遗迹的对称分布特点，可推知，石墙东西残长15米，南北约35米[26]，N2Z2M1东西17.5米，南北残长

20 米[27]，从石墙所圈定的墓域范围来看，二者较为接近。砌筑石墙的原料差别明显，牛河梁遗址以相对规整的，长 40～50、厚 30～40 厘米的长方形石灰岩石块砌筑而成，最高处砌筑 4 层；胡头沟遗址石墙的砌筑原料则为不规则石板。

胡头沟 M1 出土玉器 15 件，包括勾云形玉器 1、玉鳖 2、玉鸟 1、玉鸮 2、璧 1、镯 1、珠 3、棒 4 件，虽牛河梁遗址 N2Z2M1 早期被盗未发现遗物，无法直接比较，但胡头沟遗址出土玉器多可在牛河梁遗址找到造型相同的器物（图五四）。

勾云形玉器残长 7.9、宽 4.8、厚 0.6 厘米，与牛河梁遗址 N2Z1M14 出土者形制基本相同，仅胡头沟遗址出土者略小。

玉鳖（报告称玉龟）与 N5Z1M1 出土者相似，也为雌雄各一，长分别为 3.9 和 4.8 厘米，牛河梁遗址出土者则分别长 9 和 9.4 厘米。胡头沟出土者体形明显偏小，下方近颈部位置有孔，可用于悬挂。

玉鸟长 3.8 厘米，腹侧颈部有隧孔，同造型器物也见于牛河梁遗址 79M2；

玉棒与 79M1 出土者相似，尾部特征略有差异，胡头沟出土者为斜面，牛河梁

胡头沟遗址

牛河梁遗址

图五四　胡头沟与牛河梁出土同类玉器的对比

遗址出土者尾端微外凸。

璧、镯、珠则在牛河梁遗址多座墓葬中都有发现。比较可以发现，两遗址出土玉器虽然器物造型大体相同，但在器物的大小、品相等方面仍有不同，总体而言，胡头沟遗址出土器物器形小，玉质也略差。虽器形普遍偏小，但标示墓主层级的各类器物齐全，墓葬特征所显示的区域组织结构基本相似。

器物特征显示胡头沟 M1 相当于牛河梁最高等级墓葬的缩微版，二者之间的差异可能与其在社会礼仪活动中的地位有关。

除作为葬礼活动重要体现的大型墓葬之外，胡头沟遗址未见牛河梁遗址大规模的社会公共活动设施，二者之间的差异也可能与其在礼仪活动中所处的位置和参与程度有关。胡头沟遗址发现的遗迹较少是受考古工作开展的限制，可能整体的社会结构与牛河梁遗址相同，也存在多个"积石冢"的埋葬单位。

牛河梁遗址的社群虽然可能并未形成对其他社群的绝对控制，但在红山社会的统一信仰和礼仪活动方面居于核心地位，并对周边人群产生了明显的示范作用，成为其他群体争先效仿的对象。

第三节　礼仪中心的形成

随着社会职能分化的不断完善，祭祀等公共礼仪活动逐渐出现神圣化的倾向，器物的制作、使用都出现了明确的圣俗之分，随着聚落分工与层级的出现，逐渐形成了等级、规模不同的区域社会中心，与之相对应的社会公共活动中心也逐渐形成。在红山文化的社会分层规范中，礼仪活动的参与程度是重要的参考指标，相对平等的群体之间的密切联系也由此确立。

一、礼制的完善

礼制是约束个人和群体行为的规范，确定人与人、群体与群体之间的权责关系，也为相关的礼仪活动确立规范和准则，其中确定人与人、人与群体之间的行为规范是其中最为基础的部分。在考古学中可以发现个体关系和社会行为规范化的证据，前者表现为墓葬规格和随葬品使用的规范，后者则可以通过社会公共行为（祭祀、礼仪行为）的规范化表现出来。

我们无法确知红山人的社会规范及其在社会生活中所发挥的作用，墓葬是围绕埋葬活动开展的礼仪行为的最后断面，无论是埋葬的方式还是随葬品的特征都是生者围绕死者开展的纪念活动的反映，因此可以通过对葬仪的分析了解相关社会规范的内容及影响。

玉器是牛河梁遗址墓葬中常见的随葬品，镯、环类器物在墓葬中较为常见，而勾云形玉器、斜口筒形玉器和玉人等特异造型的玉器则为较高等级个体所拥有。器物上的使用及残损的修复痕迹表明这些器物在成为随葬品之前都经过了较长时间的使用。镯、环等与佩戴功能有关，而璧、勾云形玉器、斜口筒形玉器等类物品的象征意义更加明显，可能与特殊的社会行为有关。

除了特殊纪念或礼仪行为之外，随葬品的种类和数量也是墓主社会等级和地位的重要标示物。在牛河梁遗址没有发现制作玉器的作坊，玉器也并非墓主亲自制作，而是由专业工匠在多个地点制作完成的，玉器不仅是个体财富和地位的象征，其获取的过程也是所有者能力和活动范围的彰显。玉器的组合具有标示墓主所处社会层级的重要意义。

根据使用频率不同的三类玉器[28]（图五五）在牛河梁遗址中的使用规则，镯、璧等器物数量最多，几乎是随葬品组合的最基础配置，二者的使用与墓主性别相关；斜口筒形玉器和勾云形玉器较为常见，但器形较大，很难作为随身装饰物品使用，也并不属于社会生产必需的工具。在墓葬中的使用方式也相对固定，此类器物是墓主生前使用、死后随葬的，可能与墓主生前所参与的特殊的仪式行为或承担的社会职能有关，是中、大型墓葬的标准配置；而个体较大、造型奇特且少有重复的玉器如玉人、玉凤等则是高等级墓葬所特有的顶级配置。玉器的规范使用是对不同成员在社会中地位的标示和强调，通常玉器的种类与数量成正相

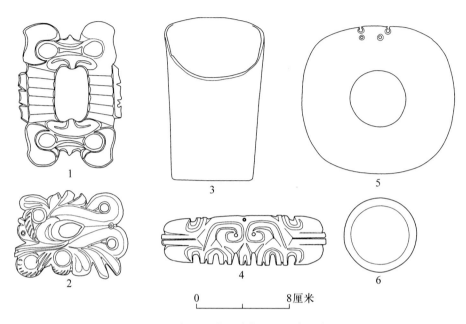

图五五　牛河梁遗址随葬玉器分类示意图

a 类：1. 双兽首饰（N2Z1M26：2）2. 龙凤佩（N2Z1M23：2）
b 类：3. 斜口筒形器（N2Z1M25：3）4. 勾云形器（N2Z1M22：2）
c 类：5. 璧（N2Z1M15：4）6. 镯（N2Z1M15：4）

关变化，即顶配的墓葬中随葬品数量多而基础配置的墓葬随葬品数量相对较少，但也不乏相反的个例。

N2Z1M21 是区域内发现的较为特殊的墓葬，从墓葬规模和随葬品数量、种类上看，其等级相对较高，随葬品包括勾云形玉器、斜口筒形玉器，也有造型较为奇特的玉龟壳、兽面玉饰等；随葬品数量不仅超过了区域内的最高等级墓葬，也是牛河梁遗址最多的，约占 N2Z1 出土玉器数量的一半。但其在墓地中仍远离核心位置，处在多数墓葬集中分布的墓地南侧位置，也不见最高等级墓葬外围的砌石附属建筑，随葬品总量的增加并未改变墓主人所属的社会等级。

N2Z1M21 出土玉器原料可能有两种不同的来源，数量最多的玉璧的原料几乎都源于贝加尔—吉黑地区，若是排除此种玉料来源较为特殊的玉器，源于岫岩地区的玉料所制成的产品共计 6 件[29]，虽仍略高于同时段与其等级相近的墓葬的随葬品数量，但偏差并不明显。N2Z1M21 墓主所处社会层级与出土遗物数量的矛盾特征显示社会地位的获取与获得特殊原料的能力或其经济地位无关，虽然获取资源和财富的能力可以增加墓主随葬玉器的数量，但却不能相应提升其所在的社会层级，随葬品的严格使用规范显示社会中可能存在特殊物品的分配规则。

围绕埋葬行为展开的一系列的礼仪活动进一步强化了随葬品的使用所表现的社会规则。最高等级的墓葬从营建、各类器物的制作以及与之相关的活动都成为葬仪的重要组成部分，而其他规模较小的墓葬则减省了很多仪式性活动。个体在埋葬礼仪方面的差异是对社会层级划分的表现，同时也是对社会规范的强化，对参与活动的人群也有相关的规范。分析没有发现不同地点出土的筒形器在特征方面的明显差别，这意味着作为葬礼重要组成部分的筒形器的制作群体并未发生明显的变化，即针对最高等级墓葬的礼仪活动的参与者并不仅限于其所属群体，而可能涉及了更大范围的人群，涉及人群范围不同的礼仪活动的内容和模式可能存在差异。

除了围绕社会成员中的高等级个体的埋葬而开展的活动之外，礼仪活动的规范化还表现为礼仪活动对象的融合与统一。塑像或雕像通常被作为祭祀活动的对象而成为判断祭祀礼仪行为存在的重要证据，其中动物像多见于玉器中的仿生动物造型，人像的数量和种类则相对较多，根据质地的不同可以分为泥、陶、玉、石四种。

泥塑像主要见于牛河梁遗址第一地点，其中最为著名的就是"女神庙"中出土的具有大、中、小三种规格的人像残件。"女神头像"是几近完整的人头像，以"玉"为睛，以贝作齿，面部涂朱，残存左耳显示应穿有耳洞（图五六）。除"女神头像"外，还发现了相当于人体三倍大的泥塑耳、上肢及其他部位的残件等（图五七）。女神庙尚未完整发掘，从残存情况看应当存在完整的

图五六　"女神头像"

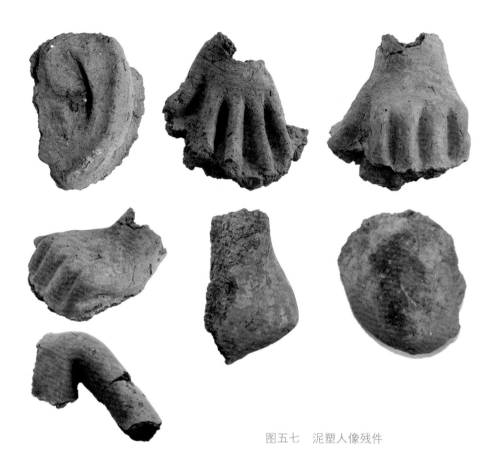

图五七　泥塑人像残件

泥塑人像。与泥塑人像共存的还有泥塑动物像，目前可确认的应有鹰（鸟羽、鹰爪）和熊（下颌、熊掌）。泥塑熊下颌以红色黏土塑出熊下颚的总体特征，牙齿上涂白彩（图五八）。

陶塑人像在西水泉、西台、牛河梁、东山嘴、兴隆沟和半拉山等遗址都有发现，多为残件。可以分为大、中、小三种，大型与真人大小相当，中型相当于真人的1/2大小；小型高度在20厘米左右。

大型陶塑人像见于牛河梁遗址，其中第三地点出土陶塑人面的一部分（图五九）；第十六地点出土人像手部残块。

中型陶塑人像见于东山嘴、半拉山和兴隆沟遗址，东山嘴遗址的陶塑人像包

图五八　泥塑动物像残件

括上肢和下肢部分残件，上臂交握、盘腿坐姿，从器形和尺寸上看可能属于同一个体（图六〇）；半拉山遗址出土的陶塑人像无头，残存胸腹部和上肢部分特征（图六一）；兴隆沟遗址出土陶塑人像较为完整，是以躯干作为表现主体的坐像，胸腹部与筒形器略有相似，面部表情丰富，头饰清晰，四肢则相对细小瘦弱，以细泥条盘在中空圆底之外作为下肢。

图五九　陶塑人面残件

　　小型塑像见于牛河梁、东山嘴、西水泉和西台遗址，牛河梁和东山嘴遗址出土的小型人像制作精美，形象生动，表面另外施红陶衣，颜色鲜艳。牛河梁遗址第五地点地层出土穿靴人像；东山嘴遗址出土2件小型塑像皆为孕妇像，约手掌大小；西水泉和西台遗址出土人像相对较为抽象，主要表现胸腹部特征，胸部特征明显，中部束腰，底部平。无头是小型人像的共同特征，从残断情况来看，应是后期故意

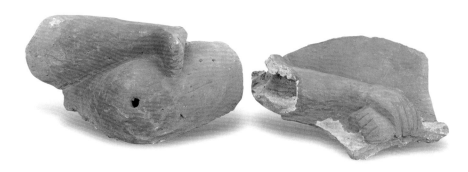

图六〇　东山嘴陶塑人像

图六一　半拉山——陶人像

损毁的。半拉山遗址还出土了1件小型人头像，较东山嘴等地出土的小型人像略大（图六二）。

玉人像只见1件，即牛河梁遗址十六地点出土玉人，为整身人像，各部特征明显（图六三）。

石雕人像目前主要见于草帽山和半拉山遗址，多为人头像，面部特征差别明显，可能包含了多个来源不同的人种的特征（图六四）。

除牛河梁遗址第一地点"女神庙"出土的泥塑像基本保留在其制作和使用位置之外，其余皆无法确知其使用环境。仅兴隆沟遗址的人像出自房址之中，可能与其

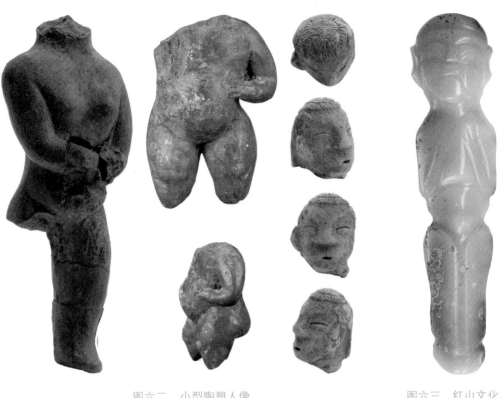

图六二　小型陶塑人像

图六三　红山文化
玉人

图六四　半拉山石雕人头像

使用环境有关，其余陶塑人像残损明显，多为地层出土，无法据此了解其原初的功能。而半拉山遗址的石质雕像，或出于墓葬填土中，或作为砌筑墓葬石棺或祭坛石墙的石块。石雕人头像从雕像到砌墙材料的转变意味着已经丧失了其原初的功能，也就意味着在半拉山遗址，石墙出现时这种以雕塑作为偶像的传统已经发生了改变。可能同类的祭祀活动依然延续，但对举办的地点则有了相对明确的规范。

除了人像之外，玉器中发现了各种仿生动物造型，如N16M4的玉凤（鸟）、N5Z1M1的一对玉鳖、N2Z1M21的玉龟壳，这几件皆属造型精准的仿生器物，均可在现实世界找到原型（图六五）。

至于礼仪活动的对象，有些研究者倾向于认为红山文化存在多神崇拜[30]，包括动物崇拜、祖先崇拜、图腾崇拜等，祖先崇拜是其中最重要的内容。祖先神既包括"女神庙"中出土的大小各异的人像雕塑，也包括墓葬中埋葬的高等级个体，

图六五　红山文化仿生造型玉器

其中女神头像被认为是红山文化的远祖神，此种观点最早见于苏秉琦先生的《中华文明起源新探》，其中提及女神庙出土的女性雕像，提出"这是红山文化的女祖，也是中华民族的共祖"的观点[31]。此后有学者在此观点的基础上进一步提出牛河梁遗址所埋葬的个体皆为红山文化的"近祖"[32]，葬于牛河梁遗址中的人群是掌握宗教和祭祀权力的"强宗"，他们垄断了祭祀活动，并且成为被后世所祭祀的祖先神[33]。

虽然中心墓葬的墓主在埋葬处理上存在明显不同于其他个体的特征，围绕积石冢主体建筑的筒形器通常被作为相关祭祀活动延续存在的证据。而根据对积石冢营建过程的分析可知，筒形器及与中心墓葬有关的积石冢砌石围墙的修筑皆属葬礼的一部分，筒形器的功能在葬礼完成后即宣告结束，并没有证据表明与此中心墓葬相关的"祭祀行为"持续存在。因此围绕中心墓葬的筒形器及相关设施都应视为葬仪的一部分，即礼仪活动发生在埋葬过程当中，而并非葬礼结束之后的祭祀活动。因此可以认为虽然牛河梁遗址的中心墓葬的墓主的社会地位较为特殊，但并未上升到神的层面，也并未成为后世祭祀的对象。

红山文化中发现的大量仿生动物造型的器物也常常被作为红山文化中"动物崇拜"的证据，崇拜的对象则包括"女神庙"中出土的泥塑动物、玉器中大量存在的仿生造型的器物。仿生造型的玉器可能是墓主生前在特殊礼仪活动中使用的器物，但其性质可能已经不是崇拜的对象，而是祭祀或礼仪活动中的道具或祭品。若将其都看作信仰的对象，红山文化则应处于万物有灵的初级信仰阶段。多神崇拜所显示的社会多样性特征似乎与红山文化形成的建立在统一意识形态基础上的礼仪活动存在矛盾。在红山文化墓葬中可以发现，玉器虽然造型各异，但其使用遵循相同的社会规范，这表明，即便社会中存在多神的信仰，已经出现了可以将其统合在同一个信仰体系之内的社会规范，即"多神信仰"与相同的意识形态在红山文化中很好地融合在一起，而这种统一的信仰成为红山文化晚期神权社会超越区域范围存在的基础。正是红山文化晚期集中的礼仪设施的建造和礼仪活动的开展，及其背后社会规范的形成，将红山文化中的多种"神"整合入规范的体系之中和平共处。

二、礼仪活动的层级化及礼仪中心的形成

丧葬礼仪是礼仪活动的重要内容之一，对于不同等级的个体，活动内容及参与人群出现了差异。不同地点的高等级墓葬标示其地位和功能的器物所显示的规模略有差异，所遵守的规范却相同。虽然我们主要通过对牛河梁遗址的分析获取了相关信息，对这种社会规范的认同和遵守已经在广泛的区域范围内存在。红山文化的礼仪活动多样，因着活动目的和主旨的不同，参与和影响人群与举办场所的位置和功能密切相关，活动场所的样式与规模也有所不同，即已经出现了仪式（祭祀）活动的层级化。随着坛的功能的分化，作为社会中最主要群体活动的葬礼也有了更为严格的规范和限制。

红山文化的社会公共礼仪活动场所包括牛河梁遗址的社会公共礼仪建筑如N2Z5、N5SCZ3、N2Z3、第一地点和第十三地点，东山嘴遗址的祭坛、建筑基址、半拉山遗址、草帽山遗址的祭坛，以及老虎山河流域与积石冢并存或单独的祭坛。

牛河梁遗址的 N2Z5 和 N5SCZ3 较为相似，二者在垫土、石块砌筑边界、积石的砌筑流程，甚至在垫土前后放置人骨的特征皆较为相似，皆与作为墓地的积石冢并存。N2Z5 南北长 19.2、东西宽 14.6 米。N5SCZ3 规模较 N2Z5 略小，近长方形，北墙 5.5、东墙 8.6、南墙 5.3、西墙 7.6 米，面积较小，约相当于 N2Z5 的 1/4。结构特征的相似性意味着功能也应相同。这种不作为墓地使用的特殊建筑可能与特殊的社会行为有关，而从其独立于任何一个埋葬区域（积石冢），且为同一地点唯一的存在，可能为这一地点的人群所共有，而非单独隶属于特定的以埋葬区域划分的小群体。多个小群体共有的公共建筑设施与公共礼仪活动有关，而共同的礼仪活动对于增强社会的统一和一致具有重要的意义。因 N2Z6 破坏严重无法确知其具体情形，与 N2Z5 同时的埋葬区至少包括 N2Z1、N2Z2、N2Z4A 三个；与 N5SCZ3 并存的埋葬单元只有 N5SCZ1 和 N5SCZ2 两座，前者有墓葬 35 座，后者仅 6 座。二者的规模差异可能同与其并存的埋葬群体的数量有关，皆为同一地点人群共同使用的设施或礼仪场所。

N2Z3 的结构与同样未发现墓葬的 N2Z5 差别明显，因其在牛河梁遗址区形制的独特性，可以推测其可能为区域人群共同使用和维护的特殊设施。

第一地点是牛河梁遗址规模最大的遗迹组合，主要遗迹包括 4 座建筑址和若干灰坑[34]，其中 N1J2 位于区域中心，南、东南、东北侧分别为 3 座半地穴式建筑 N1J1、N1J3 和 N1J4。N1J1 出土遗物为各类泥塑像（"女神庙"），N1J3 出土器物为筒形器，N1J4 出土遗物较少，但发现了多组成排柱洞和地面用火痕迹，未见积石冢及相关建筑。4 座建筑址可能为功能密切相关的建筑组合。大型塑像集中出土的"女神庙"也是区域内较为独特的遗迹，其北侧面积超 4 万平方米的大型台基建筑更是不见于其他区域。

第十三地点是一处总面积约 1 万平方米的独立土石建筑，中心是直径 40、残高约 7 米的分层夯筑的正圆形土丘，夯层厚约 20 厘米。土丘外包积石并砌石墙，石墙直径 60 米，石料为硅质石灰岩，砌法和砌石皆与积石冢相同（图六六）。

第一、第十三地点独立于其他的积石冢地点，在建筑模式和风格上也明显不同于其他地点，可能是区域内的特殊功能建筑。

图六六　十三地点砌石

礼仪功能设施的建筑规模与其功能和影响的人群范围密切相关。作为同一地点埋葬人群共同使用场所的 N2Z5 和 N5SCZ3,其建筑规模与群体规模的大小密切相关;而区域内较为独特的 N2Z3、第一地点和第十三地点则可能为区域内群体所共同使用的,即牛河梁遗址的祭祀礼仪活动场所存在影响人群范围及等级的划分。

东山嘴遗址[35]的祭祀遗迹包括南侧的圆形祭坛和北侧的长方形建筑基址。圆形祭坛皆位于方形基址南侧,最南端是包括三个南北相连的石圈的祭坛,其与方形基址之间另有一正圆形祭坛。二者的规模都不大,南侧的三圆形石圈仅两个保存较好,皆为椭圆形,一个南北径 3.1、东西径 3.8 米;另一个南北径 2.9、东西径 4.1米。以河卵石砌出两圈作为边缘,其内以小石块铺平。正圆形祭坛直径 2.5 米,以长方形规整石板砌筑边界,其内以大小相同的河卵石铺平。厚约 50 厘米的黄色垫土将二者的使用时间区分开来,南侧的三圆形祭坛略早于圆形祭坛(图六七)。

图六七 东山嘴遗址布局

北侧的方形建筑基址的修筑时间与三圆形祭坛相同，其中最为特殊的遗迹是竖立的长条形或锥状石条构成的石堆（图六八）。目前尚不清楚这种特殊遗迹的功能如何。

东山嘴遗址祭祀遗迹总面积约 1 000 平方米（遗址面积约 2 400 平方米，遗迹主要集中在遗址的南侧），有规模缩小的趋势。若北侧方形基址内的黄土堆积与圆形石圈所叠压的黄土堆积性质相同的话，则在东山嘴遗址延续使用的最晚期仅余一个规模较小、直径 2.5 米的圆坛。

半拉山祭坛[36]是由两道石墙圈定的区域，外墙挖槽砌筑，开口于②B 下，打破③A，可见北、东、西墙，未见南墙，外侧区域明显偏低，可由此确定南墙范围，南北 16.3、东西 16.5 米。内墙为长方形封闭石墙，开口于②B 下，不挖槽，直接砌筑于③A 上。东西 13.6、南北 11.5 米，在西内墙的外侧可见保留于原位的

图六八　东山嘴遗址的堆石遗迹

筒形器。石砌围墙的中间并未如牛河梁或胡头沟遗址发现大型墓葬，这两组石墙和筒形器及其所圈定区域即为"祭坛"，面积约 300 平方米。

遗迹平面图显示约有 11 座墓葬与"祭坛"的两组围墙之间存在叠压 / 打破关系，打破关系显示其间应存在早晚[37]；另有多座墓葬出现在祭坛区域内，与祭坛的界墙一样开口于②B 层下，但无法确定其与祭坛是同时使用还是存在早晚。即无法准确判定叠压建筑址活动面的内墙和打破建筑址活动面的墓葬以及祭坛区域内的多个祭祀坑的相对年代。区域内墓葬或祭祀坑的出现破坏了祭坛的完整性也相应影响或破坏了祭坛功能的发挥，因此应是不能兼容、存在早晚关系的遗迹。

草帽山积石冢[38]第一地点发现墓葬 7 座及北侧砌石构成的"祭坛"，墓葬风格统一，至少 4 座墓葬叠压于"祭坛"的垫土或石墙下。主体部分东侧为三层台阶状石墙，北侧为两层台阶状石墙，西侧石墙两道，外围石墙与北、南侧石墙相接，内侧石墙位于中轴线偏西位置。南北长 19、东西宽 9.5 米。在主体石墙的北侧还可见与其相接的单层石墙。在"祭坛"的南侧和"祭坛上"都发现了"石堆"，可能与特定的仪式行为有关。也有学者将第一地点遗迹分为两部分，北侧砌筑规整石墙，南墙下压墓葬的为"冢"，冢南侧的方形石堆为"坛"，认为这是一个坛冢结合的遗迹[39]。从遗迹单位的叠压关系来看，草帽山第一地点发现的砌石建筑是区域内最晚遗存，其功能与墓葬已有所分别。在第一地点的西侧[40]的长 20、宽 10 米的长方形"积石冢"和南侧长 80、宽 3～5 米的东北—西南向石垄的性质和功能仍需进一步分析。

田家沟遗址[41]也发现了与祭祀礼仪行为相关的遗迹，如第二地点的积石堆积，第三地点的石围圈、白石头圈和白石头带等，但这些遗迹与墓葬交替出现，可能与墓葬的关系仍较为密切（图六九）。

红山文化的祭祀礼仪设施通常与墓地距离较近且采取了大致相似的结构，如牛河梁遗址作为专用礼仪活动场所的坛和以埋葬为主要功能的冢在结构上较为相似，根据其与埋葬区域的组合关系大体可以分为以下几种：

图六九　田家沟墓地第三地点遗迹图

与埋葬区位于同一区域，与墓葬年代略有先后，如草帽山第一地点、田家沟墓地、半拉山墓地；

与埋葬区处于同一区域，与墓葬并存，如牛河梁遗址的 N2Z5、N5SCZ3 等；

独立于埋葬区的祭祀礼仪场所，如东山嘴遗址、牛河梁遗址第一和第十三地点。

从遗迹规模来看，在埋葬区外有独立功能区域的祭祀礼仪场所的规模更大，等级也相对较高。与墓葬在同一区域内并存的则在规模和影响范围上都相对有限，而与墓葬区占据同一区域并略有先后的，意味着延续时间较短，可能为临时设施或场所，其影响似也应相对有限。

大型墓葬也是礼仪活动的重要体现，若考虑到大型墓葬与其他祭祀功能遗迹的组合关系，则可以分为大型墓葬与多功能祭祀礼仪活动区并存的牛河梁遗址；独立礼仪活动区的东山嘴遗址和只见大型墓葬的胡头沟遗址；其他小型礼仪活动场所三个等级。

具有公共设施性质的特殊的建筑遗存根据其使用和影响范围的不同可以分为区域性和地区性设施两种，后者规模和影响范围都较小，可同时出现在多个区域；而前者则规模更大，只在部分地区出现，与此相关的各类活动只能在特定地点或区域内发生。小区域存在相对独立的礼仪中心，而在更大的范围内，则存在可以动员和影响更广泛区域人群的更大规模的宗教和礼仪中心。

牛河梁遗址中不仅有小范围群体所共用的建筑设施，还出现了在其他地点不曾发现的大规模的公共设施，第一地点和第十三地点的这类建筑在其他遗址中并未发现，且从其规模来看，基本与占据同一地点的多个埋葬单元的规模相一致，因此，其可能为空间分布范围更为广泛的区域性社会群体所共用，是更广泛区域范围内的特定活动发生的场所。牛河梁遗址特殊功能建筑的修筑和使用者可能并不只限于埋葬于牛河梁遗址的人群，也可能是红山文化时期更广泛区域内的人群所共同使用的公共设施（图七〇）。

牛河梁遗址最高层级的墓葬较胡头沟遗址最高层级的墓葬在埋葬规模和随葬品种类数量上有更为明显的优势，暂时无法确定牛河梁遗址所代表的群体相对于以胡

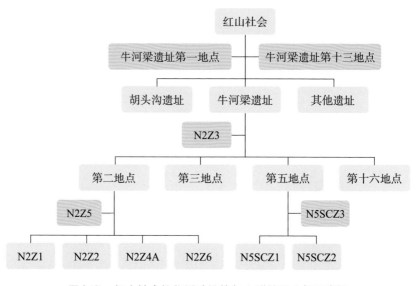

图七〇　红山社会礼仪活动设施与人群关系分级示意图

头沟遗址所代表的群体之间有直接的隶属关系，二者之间及与之相关的礼仪活动场所及其规模的不同可能受到其在礼仪活动或信仰体系中的地位和话语权的影响。

红山文化与祭祀礼仪活动相关的遗迹包括祭祀坑（坎祭）、平地（墠祭）、祭坛（坛祭）、房屋内的祭祀活动（庙祭）、堆石、墓地（墓祭）等多种，礼仪活动场所和遗迹特征的不同标示着祭祀礼仪行为的多样化。

灰坑是最为常见且在红山文化遗址中较为普遍存在的遗迹，根据埋藏物和功能的差异则可以进一步细化为灰坑和祭祀坑等。《牛河梁》对第五地点发现的灰坑和祭祀坑做了更为细致的划分：祭祀坑通常包括石块、沙土等多层堆积，或底部铺垫有石块，灰坑则未经此处理。牛河梁遗址将坑内堆积较为规律、显示有更为明显使用规划的称作"祭祀坑"，而将其他称为灰坑，为生活垃圾坑。虽然祭祀坑的堆积较灰坑更为复杂，但在出土遗物上并无明显差别，都包括各类陶器、石器残片，动物骨骼残块等，亦可见相对完整的陶器。灰坑内堆积较为简单，应为一次性形成，其内出土陶器、石器和动物骨骼的规范组合可能与祭祀或特殊的礼仪行为有关。牛河梁遗址区并未发现房址、灶址等与日常生活相关的活动遗迹，与居住址附近的灰坑可能存在不同。

在西台等遗址也发现了堆积较为相似的灰坑，不排除部分灰坑与祭祀礼仪活动有关。

以房址为活动场所的礼仪活动最早可以追溯至白音长汗遗址的兴隆洼文化房址中灶前竖立的石人，至红山文化则出现了专门放置或开展仪式活动的房址。兴隆沟遗址出土的整身陶人，是筒形器与人像的结合，在筒形器的基础上塑出头部、四肢的特征。出土陶人的兴隆沟遗址第二地点 F9 不见灶等生活遗迹，应是与礼仪活动有关或是存放仪式用品的特殊地点。西水泉、西台遗址也出土了小型人像，与其相关的活动特征可能与兴隆沟遗址相仿。

红山文化中"女神庙"也常被视为最大的"庙祭"的场所。虽然建筑址规模较小，总面积约 75 平方米，却集中出土了大小不同的人像、动物像残件等，是发现偶像数量最多的遗迹（图七一）。

图七一　女神庙全景

地面祭祀活动的痕迹主要见于牛河梁遗址，第一地点堆砌台基的垫土中多有烧灰，其中可见陶器、玉石器、炭化的动物骨骼和果核等，应为台基砌筑过程中所开展的仪式活动的遗留。

祭坛通常用石块砌筑边界，中部垫土、积石构成高于地面的平台，多可分为方形（含长方形）和圆形两种。《周礼》言"圜丘祀天、方丘祭地"区分了方、圆祭坛功能的不同。半拉山墓地、草帽山遗址所见方形积石建筑皆与墓葬相叠压，可能与墓葬关系较为密切。牛河梁遗址见方、圆两种祭坛并存，方形在多个地点发现，而圆形仅见于第二地点；两方形祭坛面积略有差异，埋葬单位较多的第二地点的方坛略大于第五地点，也显示出方坛与墓葬关系更为密切的特征。

石堆也是红山文化的特殊遗迹，与砌筑积石建筑的堆石不同的是，这类堆石占地面积不大，通常呈圆形，见于报道的有牛河梁、东山嘴和草帽山遗址。其中草帽山遗址的堆石与北侧的方形有边框的积石区域相对，采用大石块堆砌而成；东山嘴遗址的堆石较为特殊，采用了长条形立石簇拥摆放，多在北侧方形建筑基址范围内；牛河梁遗址的堆石见于第五地点 N5SCZ1 三重石圈的中心位置和 N2Z5 北侧的中心位置。虽然目前尚无法确定此类堆石与晚期游牧人群石堆之间的关系，仍可将其视为特殊礼仪行为的产物。

从多类祭祀礼仪活动遗迹的分布来看，祭祀坑（灰坑）发现最多，分布范围也最广，而祭坛多与墓葬相关，甚至部分墓葬本身也是祭祀礼仪活动场所。牛河梁遗址发现的祭祀礼仪活动的遗迹几乎涵盖了目前红山文化遗址所发现的所有的祭祀礼仪活动的特征，是多样化的祭祀礼仪活动集中发生的场所，也逐渐成为红山文化祭祀礼仪活动的中心。

三、圣地的构建

从兴隆洼文化的家户仪式，到赵宝沟文化以社群为单元的仪式活动再到红山文化的圣地仪式，礼仪活动的规模逐渐扩大，与之相关的社会规模和复杂程度也相应提升[42]。远离生活居住区的牛河梁遗址是学界所公认的红山文化的仪式"圣地"。

1. 地理条件

地处辽西山地的牛河梁遗址，南北为高山，分别是北侧的努鲁尔虎山、南侧的松岭山脉，东侧是相对平缓的第二牤牛河的冲积扇（今建平县城），西南侧为大凌河的冲积平原（今凌源市区），此区域内为平均海拔600米左右的低山丘陵。南北皆为较高的山峰，有贯穿东西、较为便利的交通路线，现今的国道101线就在遗址区通过，只要把守住东西的交通路口，就可形成一个相对封闭的区域。

在遗址区西南由广山、木兰山和龙首山三座山峰共同构成了形象生动的"神山"——猪首山（也有人称之为"熊首山"），目前在牛河梁确认的43个红山文化遗址点皆可望见猪首山。猪首山成为牛河梁遗址多个地点的天然景观，并成为其共处同一区域的独特标志，是牛河梁遗址"圣地"景观的重要组成部分（图七二）。

交通便利又可封闭的地理环境以及天然地标的存在，成为构建圣地的基本地理条件，而圣地的文化意义则是在礼仪活动设施的营建和使用过程中被赋予的，是圣地赖以维系和发展的基础。虽然我们对牛河梁遗址的了解仍相当有限，但依据现有的材料可以略略窥见红山社会对其重视程度及投入的建设力量。

图七二　远望猪首山

2. 规划设计

研究表明，牛河梁遗址晚期阶段遗迹最为丰富，也是牛河梁遗址规模最终形成的时期，多个地点在选址原则方面的一致性显示牛河梁遗址虽经过多年建设形成最后的规模，但区域布局曾经过统一的规划。

"坛庙冢"是牛河梁遗址最具争议也最具影响力的遗迹组合，坛通常指第二地点 N2Z3 的圆坛、庙为第一地点"女神庙"、冢则指牛河梁遗址多个地点较为普遍发现的墓地。坛庙冢的组合将红山文化各遗址发现的祭祀礼仪活动遗迹进行了有效的整合，使之成为更为规范的祭祀礼仪建筑群，这种建筑的组合方式也成为中国传统高等级礼仪建筑布局"天坛—太庙—帝陵"的开先河之作。女神庙北侧面积约 4 万平方米的山台，以及山台所显示的与"女神庙"的密切关系，使研究者提出了新的牛河梁遗址的建筑遗迹组合"坛冢庙台"，将庙、台视为一体相关的遗迹。虽然研究者对牛河梁遗址布局有不同的解读，但都将其视为统一规划的功能相关的设施。

对称是牛河梁遗址遗迹布局的重要特征，单体建筑如第二地点的积石冢、第一地点的山台与女神庙都采用中轴对称的布局。虽未能确认牛河梁遗址整体布局的对称中轴线，无论从第一地点到"猪首山"，或是第一地点与其正南方向的第二地点"祭坛"之间，或是第一地点与同样是单体特殊建筑的第十三地点之间的直线都无法形成对称的布局。这可能与山地的特殊环境有关，山形地势未能如机械测量般准确。而从牛河梁遗址普遍存在的对称布局特征来看，其对牛河梁遗址的整体规划可能也有此设计，只是发现有限，我们无法准确判定而已。

山区道路通常有两种，一种为沿河低地，地势平缓起伏较少，另一种则是沿山脊的平缓坡道，目前这两种交通路径仍然在山区沿用。在气候环境更为温暖湿润的五千多年前，现今的沿河公路位置皆为河谷，沿山脊的道路应是沟通不同地点的主要途径。沿着第一地点山脊向下至曾经的 101 国道，转而向西南，为一条相对平缓且连续的山脊，沿此通道最南端即可到达第十三地点，再向前则为平缓低地。从目前牛河梁遗址保护区及周边区域的考古发现来看，多数遗址沿此通道两侧的山脊相对集中分布。从第一地点到第十三地点可能是红山时期重要的"朝圣"或礼仪活动的"巡游"通道。

大规模的礼仪活动场所是牛河梁遗址区别于红山文化其他遗址的重要特点，作为礼仪活动中心的牛河梁遗址兼具包容与共享、排他与独占两种特征。

虽然牛河梁遗址延续使用了好几百年的时间，但大型公共建筑却是在相对较短的时间修筑起来的。无论是材料的远距离获取，还是大型平台建筑的修筑都需要大量的人力物力的消耗，与祭祀礼仪活动密切相关的筒形器的制作也显示在牛河梁遗址周边应当聚集了大量的人口，但在牛河梁遗址并未发现与人群居住相关的信息。N1J4虽然也是与红山文化普通房址相似的半地穴式建筑址，但多灶、多柱洞的特殊的结构显示其可能并不作为日常生活使用。如果聚集的人群采用了更为简陋而非永久式的居址，则可以解释为何多年在此区域的工作都未发现生活遗迹，此区域为多数人群的朝圣地，而非永久居住地。相对永久性的建筑皆与祭祀礼仪行为而非日常居住有关，牛河梁遗址更偏向于神的居所。

在普遍一致风格之下墓葬特征的多样性提示着牛河梁遗址人群的复杂构成，与第十地点（N10）设置脚厢并放置陶器的埋葬风格相似的墓葬在田家沟遗址的发现也意味着牛河梁遗址的人群可能并不单单对应一个遗址或一个聚落，其特殊礼仪设施也应为更大范围的人群所共享。

埋葬所显示的社会规范和随葬玉器的风格仍保持一致，具有明显的社会同一性。与埋葬行为相关的礼仪行为，包括埋葬的仪式和随葬品的使用不仅是社会规范的反映，更是强化了这种以领袖个体为核心的社会秩序。从明确的祭祀礼仪行为的特征来看，只有社会中最高等级的个体具备了享有专门的祭祀礼仪活动设施和社会公共的祭祀活动的权力。生前应是社会公共礼仪活动的主持者和引导者，在社会生活中发挥了重要的作用，死后才享受特殊的待遇，成为受到祭祀的人群。严格的等级规范则进一步维护了礼仪中心的独特和权威性。

虽然存在造型多样的仿生动物玉器，稳定的玉器制作工艺和特征提示着相对稳定的玉器获取途径，不同区域的信仰和仪式行为则基本一致，即红山文化人群可能已经形成了相同或相近的信仰。牛河梁遗址玉器的多种加工工艺所显示的制作者的复杂来源则进一步提示着牛河梁遗址的玉器可能是专门组织工匠生产的"特供品"。同一埋葬区域（积石冢）DNA检测结果虽然相对集中但并不一致，可能并非完全依据血缘关系组成的社群，超越血缘的限制，以地域或社会职能为核心的社会逐渐发展完善。

虽然牛河梁遗址已经出现了大型的公共礼仪活动设施，并有了相应制度化的行为范式，但在其他遗址广泛存在的多种祭祀活动方式仍在牛河梁遗址共存，在不同人群范围内继续发挥作用。高等级或社会公共礼仪活动的规范性和小范围人群内流行的多种礼仪活动方式并存，文化的包容与共享使牛河梁的礼仪活动具有了维护社会团结、促进社会发展的作用。

积石冢结构相似、层级分化特征相同的牛河梁遗址与胡头沟遗址在墓葬规模方面的差异提示着在礼仪活动中的参与程度对财富获取和社会等级的重要影响。墓葬附属建筑的结构与专门的礼仪活动区域"祭坛"的相似性显示高等级个体开始了"从人到神"的提升。而牛河梁遗址与胡头沟遗址高等级个体的差异则可类比"女神庙"中神像的等级划分。

因为牛河梁遗址在大型设施的兴建中动员了社会中最广大力量的参与，也是区域内全部或多数人群共同维护和使用的。在红山文化区可能存在多个不同层级的社会礼仪活动中心，而建筑规模最大、结构最为特殊的牛河梁遗址区的特殊功能建筑可能是更广地域范围内的人群所共同的礼仪活动的场所，是整个红山文化区内人群共同的社会礼仪中心。宗教或社会礼仪行为是促进社会团结的重要力量，多样化的礼仪活动的举办，奠定了红山社会统一的基础。

至迟在距今 5 500 年前后，红山社会已经形成了相对统一的社会信仰体系，在此后的时间里，统一的社会意识形态和据此展开的公共礼仪活动是联合多个地域群体的力量。

小　结

继承了兴隆洼、赵宝沟文化主要内核的红山文化在祭祀礼仪活动方面有了更进一步的发展，从兴隆洼文化以家户为单元的祭祀礼仪活动，到赵宝沟文化以小区域聚落为基础的独立祭祀礼仪活动区的出现，至红山文化已经出现了社会公共礼仪活动中心，并形成了相对严格的"礼制"。以统一信仰兼容不同地域人群也成为红山社会和平与发展的基础。

与社会的垂直分化相似，根据礼仪设施的规模和影响人群范围的不同，礼仪活动也出现了等级的分化，设施的规模、构成与影响人群的范围成正比，形成了牛河梁遗址的区域性社会公共礼仪活动中心、东山嘴的地区礼仪活动中心以及 N2Z5、N5SCZ3 等可能影响范围更小的再分群体的礼仪活动场所的三级划分。

重死轻生、重礼仪轻世俗成为红山文化最为显著的特征，围绕礼仪活动的开展，与祭祀礼仪行为相关的陶器、玉器的生产及大型礼仪设施的建设都显示出较高水平的社会分工和管理的特征，与日常生活类设施的建设和产品的生产相比，与礼仪行为相关的产品的生产采用了更先进的技术、投入了更多的力量。

红山文化存在多个在经济上互相依托、往来密切的群体，这些群体空间距离较近，在经济或设施上存在相对明显的共生关系，从而形成了地域共同体。相同的意识形态和礼仪行为将他们联合在一起，是超越了地域、经济和军事的文化共同体，文化上的认同成为彼此联合共同发展的基础。统一信仰基础上的社会规范——"礼"成为红山社会信仰体系分层的基础。

礼制及与其相关的礼仪行为将红山社会凝结成有序发展的整体。

第四章

红山文化的繁盛与衰落

经过近千年的发展，红山文化至晚期时发展至顶峰，出现了为后人所称道的以"坛庙冢"为中心的大型祭祀礼仪性遗址群，集中出现了大型墓葬、制作工艺先进的玉器以及大型的社会公共建筑等。红山文化对称布局的建筑模式、崇玉重礼的文化传统也成为中华文明的重要源头。

在距今 5 000 年前后，红山文化骤然衰落，除筒形罐的传统仍为后继者所继承之外，发达的玉器、埋葬传统、大型礼仪建筑等在区域内消失，红山文化的直接继承者并未能延续红山文化的繁荣。

第一节　红山文化的传承与影响

红山文化发展过程中不断吸收各种优秀的文化因素并将之融为自身的特点，实现了以统一的意识形态和礼仪活动为基础的社会团结，并随之开始了持续的对外影响，红山文化的彩陶因素向东可影响辽东半岛，郭家村遗址[1]小珠山中层文化的涡纹彩陶即是源自红山文化；向西则影响到了内蒙古中部的庙子沟文化，海生不浪遗址简化的双勾涡纹彩陶纹饰即是这种影响的反映。

一、红山社会的遗产

虽然红山文化的物质特征随着文化的衰落而消失了，但与社会发展密切相关的精神文化内核却在文化传统中保留下来，其所创造并在比较长的时间内坚持践行的礼制所包含的行为、仪式、规范、等级给后世文化留下了深远的影响。在红山文化中率先出现的祭祀礼仪活动遗存及相关的礼仪行为所反应的宇宙观和世界观（礼制）对中国古代礼制观念和礼乐制度的形成产生了重要影响，并发展成为中华文明的核心文化基因[2]。

1. 由巫及礼的制度创造

经济、意识形态、军事和政治是社会权力的主要来源[3]，按照中国史前考古研究者的习惯可以将其总结为军权（军事）、神权（意识形态）和王权（经济和社会管理权，包括经济和政治权力）三种。由于三种权力具有不同的表现方式，选择分析对象的侧重点也有所差别：经济权力的信息可以通过对生计产品的生产和分配、手工业分工以及商品的远途贸易的分析来获得；意识形态的权力可以通过对特殊建筑或建筑群落、与意识形态相关的特殊物品、墓葬及埋葬行为的分析来获得；政治和军事权力可以根据遗存中发现的涉及军事或暴力活动的遗迹或遗物来加以分析[4]。

李伯谦先生通过对随葬玉器的组合、随葬品数量和随葬玉器的雕琢工艺的分析提出红山文化是以神权为主的国家，即为神权古国[5]。国意味着社会秩序的存在，以制度作为维持社会秩序的基础，神权古国则显示凌驾于社会之上的所谓"公共权力"是由掌握着通神权力的巫师或曰"神王"行使和掌握的，"王"既是沟通人神的巫，也是世间神权的代行者，"巫王合一"。

神权特征在红山文化中最为显著，祭坛等社会公共活动设施在多个地点发现，其中规模最大的牛河梁遗址不仅有大型公共礼仪建筑，如第一地点、第十三地点等，建筑、设施都表现出与宗教或礼仪行为而非日常生活或经济活动相关的特质，大型墓葬同时也是重要的礼仪活动场所。而随葬的不便于携带且缺乏实用功能的玉器在成为随葬品之前，也是特定礼仪活动中的重要仪式用品。

大型的公共设施并非作为以经济活动为核心的场所，其所表现出的可能与特殊社会活动有关的迹象显示礼仪活动是公共设施的主要职能，神权是红山文化社会最主要的特征。

陶器和玉器生产是红山文化手工业生产的两个重要门类，陶筒形器和玉器的生产都显示出了明显的专业化生产的特征，复杂的手工业生产分工与使用场景和环境相对固定的联系显示器物的使用者并非生产者，特殊器物的获取是社会产品再分配的结果，而相关产品的专业化生产则是源于"计划生产"而非"商业化生产"。产品的生产和交换不会直接带来社会权力的获取和社会地位的提升，而是围绕其所服务的社会公共活动及维护和强化社会秩序而开展的活动的产物，产品的生产方式强化了社会不同职能个体的团结与合作。

钺通常被认为是军权和王权的象征[6]，这类器物在红山文化中发现较少，牛河梁遗址出土 2 件，分别为 N2Z1M9 发现的石钺和 N2Z1M23 出土的钺式玉璧；半拉山遗址 M12 发现石钺 1 件，与其共出的还有玉（猪）龙、熊首柄端饰和玉璧。墓主人无头骨，被认为是暴力活动的结果，石钺与玉龙共处，发掘者认为其应为集军权与王权于一身的王者[7]。

与半拉山 M12 相类似的暴力活动的迹象较为少见，也几乎未见与频繁暴力活动出现相关的各项设施。在红山文化中较少见到与暴力行为直接相关的证据，虽然西台、魏家窝铺等大型居住址外围通常有环壕，但从环壕的深度、宽度等特征以及晚期房址与环壕的叠压打破关系都提示着环壕更可能作为区域划分的标志而非军事防御设施。红山文化中的暴力活动只是偶然的现象，并未成为社会中普遍面临的问题[8]。

牛河梁遗址的两件钺皆出土于远离中心位置的南侧区域（图七三），M9 更是处于整个墓地的边缘，依据墓葬规模和随葬品种类、数量所划分的社会层级，牛河梁遗址以钺随葬的墓主的社会地位并不高。M12 出土玉龙是半拉山墓地出土遗物

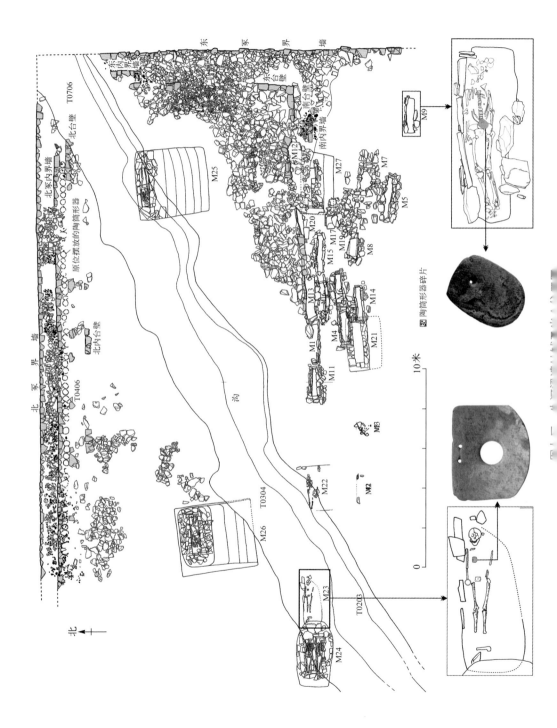

图陶筒形器碎片

10米

0

144

中制作最为精致的大型器物，墓葬也位于远离墓地中心区域的南侧位置，墓葬的修筑规模也未显示出明显高于其周边墓葬的迹象（图七四）。如果钺在红山文化中也是军事权力的代表，则从事军事活动的个体在社会中的地位和声望并不高，军权是红山文化社会权力系统中较为微弱的部分。

在红山社会中，经济和军事权力并不是社会权力的核心和获取权力的主要途径，对经济行为的控制和拥有军事权力的象征并未直接带来社会地位的提升。与宗教或礼仪行为有关的"神权"是牛河梁遗址红山文化晚期社会权力制度的核心[9]，经济和军事特征从属于社会意识领域的"神权"。

从"礼"意为"以玉事神"的记述让出土大量玉器的红山文化与神权联系起来，因为玉器的特殊性质及其在稍晚社会中的重要意义，玉器的使用通常被认为与通神行为或巫术有关[10]，仿生造型的玉器更是被作为巫师沟通人神的媒介和工具，而拥有这类器物的墓主人即为巫师（萨满）。红山文化的巫已经超越了单纯沟通人神的功能，开始带有一定的政治管理色彩，在社会生活中也发挥着重要的作用。

随葬品的种类、埋葬规范都表明相关礼仪规范的完善。对礼仪活动发生的场所、礼仪活动对象的相对明确的规定都表明礼仪行为的规范化和制度化，礼仪场所的规模和活动内容的细分也显示规范的细化。不同规模礼仪性建筑对应不同规模的人群，如对应已经出现小群体分化的社会群体的牛河梁遗址第二地点的N2Z5、第五地点的N5SCZ3，属于区域人群所共有的东山嘴遗址的建筑设施，以及属于更大规模人群的牛河梁遗址第一、第十三地点。

祭祀礼仪行为的逐步规范化、大型公共礼仪活动范围和内容的固定化显示祭祀礼仪活动逐渐变成了特定人群才能从事和开展的活动，祭祀礼仪或说巫术活动已经初步脱离了"家为巫史"的个人行为状态，逐步步入到"绝地天通"之后的制度化的礼仪行为。在周公作礼的三千多年前，红山文化已经开始显示出礼制化的特征，出现了礼制的萌芽，开启了中国传统文化持续不断的宗教理性化改革的序幕。将"由巫到礼、释礼归仁"的中华文化发展史提早到了距今 5 500 年[11] 以前的红山文化时期。

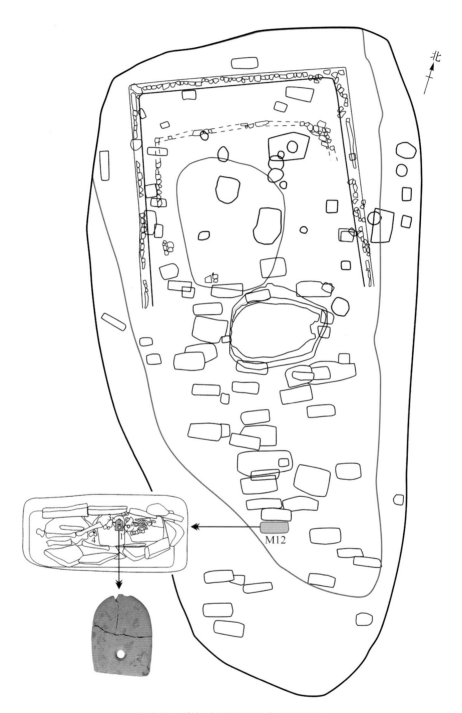

北

M12

图七四　半拉山墓地钺及出土位置图

2. 文化的传播与影响

作为红山文化"礼制"重要载体的玉器，虽然主要分布在辽宁西部和内蒙古东南部地区，但其影响范围则更远，河北宣化洋河积石冢发现了红山文化的玉龙，河南洛阳苏羊遗址出土了与半拉山遗址的石雕钺镦造型相似的兽首石雕。玉龙、勾云形玉器等在大甸子夏家店下层文化墓葬中也有发现，除此之外，还在陕西凤翔上郭店春秋墓[12]、琉璃河墓地 M1029[13] 也发现了红山文化玉器，虽然至此时所附着在玉器上的礼制信息已无从了解，却显示了红山文化玉器对后世的持续影响。

红山文化的玉器和附着于玉器上的礼制信息曾对同期的考古学文化产生了影响，彩陶也是探索红山文化与同时期考古学文化之间交流的重要线索，空间距离的远近不同，红山文化对外的影响和文化交流的表现方式也有所不同。

凌家滩遗址出现了很多与红山文化相似的玉器，包括双联璧、圆角方形璧、箍形饰、Y 形器、龙等，器表饰浅瓦沟纹的特征也与红山文化相同，显示红山文化曾对凌家滩文化产生了一定的影响[14]。造型相似的玉器在质料和工艺方面的差异则意味着凌家滩遗址出土的红山式玉器是在当地制造的[15]。采用当地的原料和制作技术生产的与红山文化相同造型的器物则在一定程度上代表了对器物所附着的社会意义的认同和接纳。

在海岱地区大汶口文化的遗址中发现的圆角方形璧和联璧类玉器在形态、工艺和玉料特征皆与红山文化更为相似，其原料来源可能与红山文化相同[16]，甚至可能是红山文化的输出品[17]。

内蒙古岱海地区[18]在距今 5 600 年前后发现了以鳞纹、填充斜线的三角纹、条带纹为主要特征的红山式彩陶，更发现了明确来自红山文化的双勾涡纹、鳞纹、三角纹和棋盘格纹彩陶纹饰，是红山文化对外影响的重要表现。

这三个地区由远及近，都显示出受到红山文化影响的特征，根据影响的表现和方式的不同可以分为三个层次[19]：第一层次影响内蒙古中南部、山西中北部和河北中部的近邻，红山式的陶器、彩陶纹饰及玉器都有发现，在日常生活、审美趋向和信仰方面都受到了来自红山文化的影响；第二层次为稍远的海岱地区，少见与红山文化完全一致的陶器造型，而以彩陶纹饰和玉器特征更为明显，当地的工匠生产或仿制了与红山文化相似的玉器，并可见少量源自红山文化的玉器；第三层次则为更远的江淮地区，日用生活用器与红山文化差别明显，较为相似的玉器是当地工匠采用当地原料仿制的结果。

虽然三个层次的影响有不同的表现结果，但并未显示出随着空间距离的增加而带来信息遗失，不同的表现形式可能与交流方式的不同有关。凌家滩文化虽然与红山文化距离更远，两考古学文化在玉器的制作和使用方面则表现出了更明显的相似性，这种相似性可能与意识形态的传播关系密切[20]。由于意识形态的超物质特性，更少受到空间的约束，可以实现远距离的交流和意识形态的跳跃式发展。

内蒙古通辽市的哈民忙哈遗址位于科尔沁沙地的西侧，也出土了相当数量的玉器，其中璧、勾云形玉器等与红山文化较为相似（图七五）。邓聪先生[21]根据玉器钻孔工艺提出"哈民式玉器穿孔技术"，以区别于红山文化的旋转穿孔技术。红山文化玉器的制作工艺复杂而多样，除了镯环类玉器采用的是旋转穿孔技术外，璧类器物也多采用实心钻、琢制和研磨扩孔的工艺，而哈民文化的玉璧与红山文化的玉璧在制作方式上并无明显的差别。基于哈民玉器制作工艺相对统一，也并不排除红山文化中的玉璧可能产自哈民文化的居民。研究者通过对哈民玉器的分析提出了与牛河梁遗址的勾云形玉器存在细微差异的玉器，可能为本地制作的观点。哈民文化的勾云形玉器的器形明显偏小，F44 出土勾云形玉器残存的左侧部分保留有两

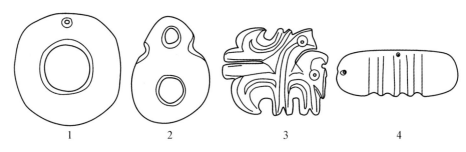

图七五　哈民玉器示例

1. 玉璧（F46：1）2. 双联璧（F46：13）3. 勾云形玉器（F44：1）4. 瓦楞纹器（F46：11）

图七六　哈民与牛河梁勾云形玉器的对比

个齿状突起，残长 5 厘米，总长度预计为 7 厘米左右，与牛河梁遗址 N2Z1M9 出土简化双勾型勾云形玉器大小相当，而明显小于各部特征皆较为完整的同类器（图七六）。与红山文化玉器多出于墓葬中不同，哈民玉器多见于房址，处于使用过程中，多作为饰品佩戴于使用者的身上，玉器规格的缩小也显示其功能的变化，受红山文化影响出现的勾云形玉器在哈民文化中的使用方式和功能可能已有所不同。

除玉器之外，哈民遗址中发现的双腹盆、双耳罐以及简化双勾涡纹等也显示出红山文化对哈民文化的影响[22]。

彩陶双勾涡纹是流布范围最广的红山文化彩陶纹饰，除了北部的哈民之外，东南辽东半岛的小珠山中层文化、西部的庙子沟文化，以及南部大汶口文化遗址中都发现了此种造型的纹饰（图七七）。

在红山文化对外影响的因素中，以彩陶纹饰、玉器等与祭祀礼仪行为相关的器物特征最为明显，在日用生活陶器方面，虽然也发现了相似的器物，但数量和种类都相对较少。整合入各考古学文化中的红山式玉器、出现在不同文化特征器物上的

图七七　红山文化双勾涡纹的流布

1.嘎查营子遗址　2.吴家村遗址　3.海生不浪遗址　4.庙底沟遗址

红山式双勾涡纹彩陶纹饰，表明红山文化的对外影响方式与其自身社会规模的发展和扩张相似，都未显示出强力输出的特点，而更多采用了平等的交流方式，以文化和意识形态的影响为主。

二、红山社会的发展动力

红山文化在发展的过程中不仅继承了来自本地的文化因素，包括玉器的制作、筒形罐的使用，还吸收了来自中原地区的文化特征和先进的技术，包括彩陶器的制作和使用。同时对于可能来自其他地区的人群也采取了包容和接纳的态度，魏家窝铺遗址所发现的不同于北方筒形罐传统的器物——圜底釜和长火塘、深坑灶的房址特征所代表的可能来自非北方系统的人群，社会中异质性特征的消失则显示人群可能已逐渐接受了红山文化的传统，融入红山社会中。

1. 人口规模和社会容量的增长

人口的增加是社会繁荣的基础，在社会生产力水平不发生明显变化的情况下，人口数量的增加意味着社会生产总值的提升。通过资源利用方式的互补，最大限度地提升单位自然资源的利用率，推动社会的发展。

与兴隆洼文化和赵宝沟文化时期相比，红山文化时期人口数量明显增加，表现在遗址数量和区域遗址分布密度的增加，但遗址的规模并未发生明显的变化，调查发现以面积 50 000 平方米以下的遗址数量最多，单位区域内社会群体数量与人口规模的一致变化显示社会小群体分化的出现。基于环境的单位承载力问题，当人口规模和社会总量增加时，通过小群体分化和人群的迁徙继续维持原有的群体规模和通过分工和互补继续维持团结是社会适应环境的两种选择，红山文化则选择了后者。通过生产的专业化分工增强人群之间的依赖性，以团结更多的人口，同时通过礼仪活动和不断强化的统一社会意识形态维持社会的稳定发展。

红山文化小群体分化倾向增强的时候也是红山文化社会团结达到顶峰的时期，通过意识形态的统一和各样礼仪活动对统一意识形态的强化，红山文化成功地将愈渐增加的人口团结起来，奠定了社会进一步发展的基础。

2. 开放、包容和吸纳

社会的开放与包容，最大限度地扩充了社会的容量。偶像的多样性、埋葬方式的不同都显示多元人群的存在，红山文化早期埋葬方式的多样性与晚期埋葬方式的相对统一表明社会经过了长时间的磨合共存实现了彼此的包容和共同发展。多种玉器加工工艺共存显示红山文化对不同制作传统的包容和接纳，并将不同制作工艺下的产品纳入礼仪活动体系中。

有学者认为在红山文化发展的每一阶段都受到了来自中原地区的影响，这也表明红山文化在发展的过程中一直以开放的态度来对待周边先进的文化因素，并将其吸收融合为自身文化的特征，从而在长达 1 500 年的时间里保持着文化的开放性和活跃度。学习彩陶的生产技术并用以表现红山文化自身创造的纹饰特征，促进生产技术的发展、扩充艺术的表现形式。

红山社会以意识形态和礼仪活动的一致性作为基础，以开放包容的态度接纳来自不同文化、不同传统的优秀文化因素，以分工互补的方式增强人群之间的依赖性，实现社会群体的团结，提升了社会的总体容量，也在原有的基础上扩张了社会生产的能力，为红山文化的繁荣和发展奠定了基础。

第二节　盛 极 而 衰

作为区域内红山文化继承者的小河沿文化的特征与红山文化有了相当明显的不同，因为其延续了红山文化的筒形罐和彩陶的特征，也在比较长的时间内被称为"后红山文化"[23]。也有研究者认为小河沿文化兴起于红山文化晚期，并曾与红山文化并行，小河沿文化部分继承了红山文化的特征，但二者的差异相当明显。无论如何，小河沿文化填补了辽西地区红山文化衰落后的文化真空，成为红山文化之后辽西地区流行的考古学文化。

与红山文化相比，小河沿文化时期的聚落数量、规模等都发生了明显的衰退，社会复杂化程度也明显减弱[24]。

一、文化的变迁

目前小河沿文化发表资料较少，最具典型特征的小河沿文化遗址主要为南台地遗址[25]、大南沟墓地[26]和哈拉海沟墓地[27]，以大南沟墓地发表资料最为丰富。

小河沿文化的陶器以筒形罐、豆、钵、壶为基本陶器组合，还有盆、器座、侈

图七八　小河沿文化陶器

口罐、尊形器、高领罐及双口壶、鸮形壶等异形陶器（图七八）。可以分为两组，一组以大南沟墓地和哈拉海沟遗址为代表，器形普遍较小，彩陶主要见于钵、豆两种器物；一组以南台地和上店遗址为代表，器形相对较大，除尊形器和高领罐为彩陶外，钵、豆等皆为素面。虽然目前看两组陶器的分布区域存在差异，二者之间更主要的区分在于前者为墓葬遗物，后者见于居住址，二者的差别应与其使用环境有关，即生活陶器和非日用生活陶器的区分。

筒形罐仍是小河沿文化中较为常见的器物，延续了红山文化口部施细泥条附加堆纹的特征。但与红山文化相比，筒形罐的体形明显变小，传统的之字纹消失，转而以绳纹和刻划网格纹为主。双耳陶壶也延续了红山文化的风格。增加了许多新的器形，如豆、异形壶等。彩陶有红地黑彩和红地红彩两种，基本纹饰单元中延续了红山文化的三角纹、对三角纹、平行线纹等，新增加了回字纹。一改红山文化时期以单一纹饰单元构成器表纹饰的特征，采用多种纹饰单元规范排列的纹饰构成方式。小河沿文化器座的形态延续了红山文化器座（非筒形器）的形态和功能。

居址仍为半地穴式房址，墓葬特征变化则相对明显。红山文化中数量较多的积石墓（包括积石石棺墓和积石土坑墓）几乎不见，出现了相当数量的土洞墓。埋葬方式也从以直肢葬为主变为以屈肢葬为主，随葬品中也以陶器为主，可见少量石璧或石环，玉器则较为少见（图七九）。

玉器曾是红山文化礼制和文化内涵的重要载体，至小河沿文化时玉器消失，这可能意味着小河沿文化时期已经丧失了对玉料产地的控制，继而采用陶器组合来表现墓主地位的差异。"玉器祭神、陶器祭祖"，小河沿文化放弃了红山文化发达的"神权"传统，而更加关注人的权势与地位，二者在随葬品方面的差异也或许与此有关。

与红山文化时期相比，小河沿文化的遗址数量减少，规模也有所缩减，围绕赤峰地区、大凌河上游地区、牛河梁遗址周边区域的考古调查发现小河沿文化的陶片更少，这一现象在以红山文化宗教和祭祀礼仪活动等级较高的牛河梁和东山嘴遗址表现最为明显。

虽然小河沿文化的工作开展较少，对遗存特征的认识仍有待完善，但也在一定

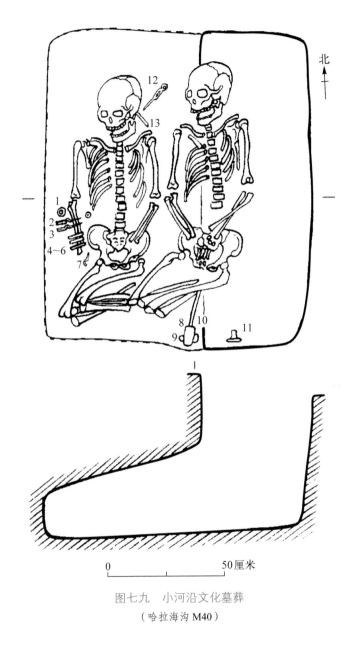

图七九　小河沿文化墓葬

（哈拉海沟 M40）

程度上反映了小河沿文化与红山文化在地点选择方面的不同倾向，可能由于人口较少，有更多选择的空间，所以有意识地放弃了红山文化繁荣的仪式圣地而着重在其他地区发展。

小河沿文化延续了红山文化生活区与墓葬区的区分，但不见红山文化时期常见的不同规模的社会礼仪活动场所，墓主身份地位的指示物也发生了明显的变化。各种特征都显示，小河沿文化虽然延续了红山文化的部分特征，但放弃了红山文化时对"礼"的强调与关注，也不见大型公共礼仪场所。

在地域上接续红山文化的小河沿文化同红山文化的相似性主要体现在筒形罐和彩陶器发展的连续性上，同时，小河沿文化中新出现了多种文化因素。从体质人类学和分子生物学的角度来看，从红山文化到小河沿文化虽然埋葬方式变化明显，但人群可能并未发生明显变化[28]。

白音长汗遗址划归红山文化的墓葬中也有一部分为屈肢葬，墓圹较宽、墓主偏向一侧的特征显示也可能为土洞墓，墓葬中以各种装饰品随葬的风格也与小河沿文化相似。小河沿文化屈肢葬的出现可能是对红山文化较早阶段曾经存在的埋葬风格的回归。

二、红山文化衰落原因初探

1. 环境的影响

红山文化区地处东亚夏季风北缘，是暖温带半湿润气候向中温带半干旱气候的过渡地带，降水量受东亚夏季风影响明显，对气候环境的变化十分敏感。距今五千年左右开始，相关要素的分析都显示东亚夏季风衰退，全新世大暖期向冷干环境转变[29]。

辽西山地以低山丘陵为主，适合耕种的地区并不多。即便如今的辽西地区仍然以旱作农业为主，并不方便通过修建水利设施来提高农田的产量，"靠天吃饭"是当时唯一的选择，农业无法成为红山人的"支柱产业"。虽然可能已经出现了相当比例的农业，但更加依赖自然环境的采集和渔猎仍然是红山人食物的重要来源。

农牧交错地带环境相对较为脆弱[30]，森林及植物资源受气温和降水影响明显。牛河梁需要动用大量人力、物力的礼仪活动中心的修筑、使用和维护可能占据了大部分的社会产出，若遇到环境剧烈变化则可能为社会带来严重的负面影响。遗址形成前后植物残体样本[31]和孢粉分析[32]的结果都显示，在遗址形成前或形成时期，植被为森林草原类型，而此后则发生了明显的改变，虽然气候仍较现今暖湿，但植被则显示出草原植被的特征。在气候并未发生明显变化的情况下，由于某些人为原因造成了森林的减退，有研究者指出可能是当时人类营建遗址时曾大量砍伐了树木。结合发掘所见牛河梁遗址各种大型设施的兴建及建造过程的各种仪式活动中发现的炭屑及果核等，可能各种礼仪活动的开展给环境带来了新的压力，成为社会生产无法满足需求的重要原因。红山文化晚期愈加规范与频繁的公共礼仪活动加重了本就脆弱的生态环境的负担。

2. 社会的不均衡发展

生产力发展水平与社会和人口规模持续增加的矛盾长期存在并不断加剧，生产力和生产水平的相对停滞无法为红山文化的持续发展提供物质基础。虽然红山文化的社会分工和生产技术都表现出了比较高的发展水准，但这些发展皆与意识形态建设密切相关，而未见与社会物质资料生产相关的特征，先进的生产方式和生产技术都与特殊礼仪活动相关。红山文化在社会经济生产和意识形态建设方面的投入存在明显不同，社会结构的分析显示，经济权力是以意识形态的发展为核心的。红山文化发达的生产技术、复杂的社会分工和管理模式、复杂的生产分配管理体系都体现在与社会公共活动相关的方面，而在社会生活方面却并无明显体现。兴隆洼文化中就已经出现的机械旋转设施在红山文化的玉器生产中得到了进一步的利用，不仅提升了工作效率，也提高了原料的利用率。但基于同样工作原理的快轮制陶技术却从未成为红山文化制陶工艺的主流，仅慢轮修整技术得到了一定程度的应用，高效率的生产技术并未得到有效的普及。

重视精神文明和意识形态建设、轻视经济发展的特点从分别与日常生活和礼仪活动相关的陶器的变化频率中也可以发现。与日常生活相关的筒形罐在红山文化发展延续的一千五百年的时间内变化并不显著，而与礼仪行为相关的筒形器等陶器则变化明显。从器形、纹饰的变化所显示的艺术创作方面的投入来看，牛河梁遗址所代表的红山文化晚期筒形器等与礼仪活动相关的器物在造型和纹饰方面都发生了不同程度的变化，这类器物也成为对红山文化晚期社会的发展与变化最为敏感的器物，使得我们可以对红山文化晚期社会的变化区间有更精准的了解；而作为红山文化中流行时间最长、分布范围最广的器物，日用生活陶器——筒形罐的变化则较为缓慢，以至于无法根据筒形罐器形和纹饰的变化来准确获得社会发展演变的年代信息。依据筒形罐特征的变化所确定的红山文化的分期及筒形罐在不同分期中所处位置都存在不同的观点，按照最为精细的四期法的划分，红山文化筒形罐的特征变化也并不明显，也因此导致了同一遗址在不同分期框架下所处相对年代位置的不同。

偏礼仪轻世俗、重死轻生的社会价值体系带来了社会更偏重社会公共礼仪活动的发展模式。虽然形成了高度发达的礼制社会，但社会发展的物质基础并未取得相应的进步。长期以来重礼仪，轻世俗和生产导致了物质基础跟不上精神文明的发展，经济基础也相对脆弱。大型公共设施的建设、使用维护过程中所需要的长期稳定甚至不断增加的社会投入成为社会发展的沉重负担。

3. 社会异质性的长期存在和社会强制力的缺乏

牛河梁遗址和胡头沟遗址虽然相距150多公里，但在墓葬的特征、附属设施的建设以及墓地规划等方面都表现出明显的一致性，甚至墓葬特征的变化也基本一致，由此我们可以依据牛河梁遗址墓葬的精细化分期确定胡头沟遗址墓葬的年代。这种一致性显示社会上层之间存在通畅和频繁的交往，并可以形成认同和一致；但与此相对的是底层社会的差异性一直存在。

田家沟遗址距牛河梁遗址约50公里，但墓葬特征的变化却与牛河梁遗址并不完全相同。半拉山墓地也是如此，死者头向、墓葬处理方式可能都有自身独特的规律，积石土坑墓不见于牛河梁遗址，却占了半拉山墓地墓葬总数的一半。低等级墓葬的差异性与高等级墓葬的一致性，表明社会的高等级人群之间存在着密切的往来，而普通民众之间的联系相对较弱，甚至处于明显的离散状态。普遍的社会团结与一致都体现在社会公共礼仪活动之中，但并未深入到社会底层。高等级墓葬的一致性显示社会上层之间密切的交流和文化认同，而较低等级墓葬多样性特征的存在则意味着这种团结和一致并未深入到社会的更深层次，即并未形成全面而稳定的社会基础。

红山文化长期处于相对和平的环境下，没有频繁的暴力活动，武力值相对较弱。调查所发现的多个地方行政中心之间（如牛河梁和胡头沟）具有高度合作和低限度管理的特征，虽然存在等级规模差，但并未见可以强力管理的模式。这种相对松散的组织模式给社群以相当的灵活性，但缺乏社会强制性。

红山文化筒形器向传统筒形罐造型的转变表明社会中可能已经隐隐地出现了需要强调传统和"合法性"的外来挑战。

缺乏强制约束力，建立在统一意识形态和文化认同基础上的上层社会在面临新的威胁时，无法形成有效的对外防御机制。

4. "路径依赖"[33]影响社会的发展和创新

红山文化在高速发展过程中可能面临过一系列的问题，曾经通过强化社会公共礼仪活动有效地维护了社会团结，基于社会发展的惯性以及对既往成功发展模式和经验的复制与依赖，他们仍然习惯采用曾经有效且熟知的方式来面对新的困难，无法对新的问题提出更有针对性的解决方案。

对于红山文化而言，红山文化晚期大型社会公共设施及社会公共礼仪活动的持续开展无疑成为红山社会试图解决自身所面临的多重困境的方式。随着制度刚性的增强[34]，再也无法突破社会发展的瓶颈，这或许是红山文化从繁荣至衰落所面临的最大的困境。

从红山文化的衰落中反观其制度的发展，则可以推知红山文化"礼制"逐渐形成和完善的过程也是红山社群面对社会危机不断发展并取得成功经验的过程，通过制度化或规范性的礼仪活动对社会意识及社会结构的不断强化，最终形成了高度一致且层级分明的礼仪活动体系以及逐渐固化的社会体系。虽然我们对红山社会日常生活方式的了解仍相当有限，但从遗存的特点来看，红山社会所形成的是经济学中最为典型的"大政府、小社会"，围绕礼仪活动所建立的社会体系实际上可能已经统治了社会生活的方方面面，从而严重影响了经济生产的灵活性和自主性，在面临无论是环境的压力抑或是食物资源短缺，乃至外来的威胁等问题时，都无法自动形成防卫机制，而只能依赖于核心层在制度惯性下的低效运转，直至彻底终结。

小 结

统一的社会意识形态和与之相关的祭祀礼仪行为，有效缓解了人口增长带来的环境危机，增强了社会团结，促进了社会的发展。以开放、包容的态度学习和接纳先进的技术手段，为区域文化的发展输入了新鲜血液。

逐渐完善的礼仪制度和对统一意识形态的依赖和强化，带来了新的社会问题，注重意识形态和社会公共活动的建设而忽略了作为经济基础的社会生产力的发展，也为红山文化的衰落埋下了伏笔。社会团结发展带来的社会结构的单一化倾向，使社会面对问题时无法及时有效地调整。在环境的变化和新的社会危机的冲击下，红山文化急速衰落。继之兴起的小河沿文化则彻底放弃了红山文化高度发达的大型礼仪建筑和公共社会礼仪活动，而转向了以墓葬和个体为主体的祭祀活动方式。

第五章

北红山与南良渚

按照苏秉琦先生对史前考古学文化的区系类型划分，红山文化是燕山南北长城地带的考古学文化，良渚文化是东南沿海环太湖流域的考古学文化。虽然红山与良渚一北一南，年代有差、地理环境有别、生业模式不同，但研究者经常把两个考古学文化放在一起比较，是因为两考古学文化之间有太多相似的特征：二者皆远离传统的中原中心区，都以大型建筑和精美玉器最引人注目，生产技术水平、社会发展程度都相对较高。20世纪80年代红山文化的牛河梁遗址被誉为"五千年文明的曙光"；本世纪第二个十年，良渚文化实证"中华文明五千年"。"北红山、南良渚"成为南北辉映的最具影响力的多元中华文明起源的重要代表。

二者的相似性还远不止于此，李伯谦先生在分析中国史前文明演进的模式时指出，玉器是神祇信仰的礼器，墓葬中大量随葬玉器的红山文化和良渚文化皆为神权社会，具有相似的文明演进模式[1]。各自传统区域内的继承者都略欠发达，文明发展历程都发生了戏剧性中断……

所处地域不同，年代略有先后的两个考古学文化显示出了较为相似的特征，同样注重玉器，并以其作为体现和展示社会秩序的方式，都出现了复杂的社会分化，显示出了文明的迹象和以"神权"为主的文明发展模式。有研究者指出，二者的相似性可能源于"红山文化的社会实践对良渚的早期国家构建，尤其对大范围社会组织的凝聚和控制产生了示范作用"[2]。也有研究者指出了二者之间的差异，同是以神权为主的社会，良渚文化和红山文化的墓葬中都有大量的玉器随葬，良渚文化中还可以看到军权、王权与神权结合的特征，而红山文化则是以神权为核心的社会[3]。制度和发展道路的选择是人群对客观因素调整和适应的结果，人群在特定环境下的主观选择成就了不同文化或区域文明的特色。

第一节　地理环境与生业方式

一、红山文化

红山文化的主要分布区以大兴安岭、阴山山脉和燕山山脉交汇地带的低山丘陵为主，除少数海拔 1 500 米以上的高山外，区域平均海拔 800 米左右。区域内较高的山峰包括西北部东北西南走向的大兴安岭余脉，南侧东西走向的燕山山脉，西北东南走向的七老图山、努鲁尔虎山、松岭山脉和医巫闾山。七老图山、努鲁尔虎山成为区域内多条河流的分水岭，发源于此的河流汇集形成了北侧的老哈河、教来河水系，西南侧的滦河水系和东南侧的大、小凌河水系。老哈河、教来河与源于大兴安岭的西拉木伦河汇流成为西辽河。

核心区域在北纬 42 度左右，此区域处东亚夏季风北缘，属于暖温带季风气候与中温带大陆性气候交汇、从半湿润向半干旱过渡的地区，降水量受东亚夏季风影响明显[4]。植被属于温带落叶阔叶林与草原交错的森林草原类型，是较为典型的生态交错地带，生态环境相对敏感脆弱，温度和降雨量对生态环境、生物种类和数量的影响明显[5]。

红山文化遗址主要分布在海拔 800 米以下的山间丘陵及近河谷地带相对平缓的坡地上。从低山丘陵到河流平原的地理环境的变化为红山文化人群提供了丰富的、变化多样的自然资源。森林与草原的生态交错带不仅植物多样，也存在相当数量的优势种生物类群，生态环境复杂多样[6]。

东北地区全新世的整体气候变化特征和大凌河流域小区域多项气候环境因素的

分析都显示，距今 8 500～5 000 年是全新世气候最为暖湿的一个时期[7]，至距今 6 000 年左右达到最高[8]，自距今 5 000 年开始，气候逐渐向干凉转变。这一时期气候温和、雨量丰沛，虽气候仍有波动，但整体以暖湿为主[9]。目前学术界普遍认为红山文化肇始于距今 6 500 年，到距今 5 000 年止，距今 5 500 年前后是红山文化最为繁盛的时期，红山文化延续发展的时期正处于全新世大暖期。暖湿环境带来一系列利好，草木葱郁、动植物繁茂，森林草原交错地带多样的生物种群为红山文化的居民提供了丰富的自然资源[10]。

牛河梁遗址文化层内的植物残体样本[11]包括较多的栎木、白蜡树残体和藜草籽；孢粉分析的结果显示，孢粉组合[12]以草本、灌木花粉为主，木本花粉以温带落叶阔叶树种为主，稍晚时候出现了针叶树花粉增加的趋势，还有大量的草本及灌木花粉。分析显示区域植被是以针、阔叶混交林为主的森林草原类型。孢粉组合中环纹藻的出现则显示着当时的气候较现今暖湿，且有水流平缓的河流或湖泊[13]。

红山文化时期较现在更为暖湿，雨水也较现今更为丰沛，如今因为地下水减少、河流范围缩减而被辟为耕地的沿河低谷曾经河水丰满，红山人的居住和生活区应较现代居住区略高。即便如今的辽西地区仍然以旱作农业为主，主要依赖雨水灌溉，而很少通过修建水利设施来提高农田的产量。

植物浮选提供了更为科学的关于红山社会农业发展的信息。魏家窝铺遗址针对性采样的植物遗存浮选获取农作物粟、黍的炭化种子占出土炭化植物种子总数的 50%，农作物出土绝对数量中粟、黍各仅占 7%，这表明以粟、黍为代表的农业遗存在遗址中所占比例较低[14]。兴隆沟遗址第二地点植物浮选也发现了黍、粟两种栽培作物种子，但数量较少[15]。鉴定结果表明，虽然这两处遗址的兴隆洼文化和红山文化中都有黍和粟，但数量都很少，说明辽西地区红山文化时期农业以黍、粟的生产为主，但以此为代表的北方旱作农业水平不高[16]。平底陶器（筒形罐）内植物残留物的分析[17]中发现了粟的淀粉粒（A 类）、植物根茎类（B 类）和坚果类（C 类）的淀粉粒，粟的淀粉粒显示已经存在了一定程度的农业经济，但粟的比例和果实都较小，表明作物种植的管理尚不完善。

半拉山墓地人骨稳定同位素鉴定结果也显示半拉山人群的碳水类食物来自黍、粟等 C4 类植物[18]。

多种分析结果都显示红山文化已经出现了农业生产，以较为耐旱的黍、粟类作物为主，但旱作农业仍较为粗放。

魏家窝铺遗址陶器内植物残留物[19]中根茎类和坚果类淀粉粒所占比例较高；出土动物骨骼[20]可辨种属 22 种，分别属于哺乳类、鸟类、硬骨鱼类、爬行类和软体动物类，其中哺乳动物占大多数，包括野猪、马鹿、梅花鹿、狍子、牛、马、家犬、狐狸、獐、熊、草原鼢鼠、米鼠、鼠和兔。狍子和马鹿的数量较多，还有相当数量的家犬、少量硬骨鱼类和软体动物类。分析显示魏家窝铺遗址的人群以狩猎采集为主，兼有少量的捕捞活动。

牛河梁遗址无论是祭祀坑还是平地的燎祭遗迹都基本不见农作物果实，而多见兽骨和胡桃、杏、橡等木本植物果核。半拉山墓地人骨稳定同位素分析显示，动物性蛋白的摄入在饮食结构中所占比重较大，且个体间的差异较小，显示动物性蛋白的获取较为稳定[21]。稳定的动物性蛋白的获取可能通过家畜饲养实现，而其他遗址发现的多种动物骨骼，则是通过狩猎活动获取的。

红山文化中可能已经出现了多种经济成分，渔猎采集和农业生产都是红山文化的重要生业方式。

基于红山文化晚期出现的大型宗教祭祀礼仪活动中心，研究者从生产工具的使用、聚落分布与环境的关系、社会结构与经济形态的关系，以及稳定同位素反映的红山文化的经济结构等方面都有很深入的讨论，传统的观点认为红山文化时期农业经济已经成为人群的主要生业模式，是农业的发展和由此带来的人口的增长加速了红山社会的复杂化进程。新的分析结果显示红山文化中已出现了多种经济类型，部分区域内仍以采集和狩猎为主要经济生活来源[22]。

二、良渚文化

良渚文化以长江下游的环太湖地区为核心分布区，遗址主要集中在北纬 30 度左右，地处北亚热带和中亚热带的过渡区，降水受东亚季风影响明显，区域水网密集。气候温暖湿润，有着天然的水热条件优势，是现代稻米的主要产区。

对多个遗址的植物考古研究证实，良渚文化已经进入以稻作农业生产为主导、以家畜饲养为辅的农业社会，茅山遗址良渚文化稻田遗址还发现了稻田从小条块状向大区块变化的过程。但农业的发展并不平衡，以莫角山、茅山为代表的中心区域，以水稻为主要食物来源，通过饲养家猪获取肉食；有些地区，如以广富林遗址为代表的良渚文化边缘区，除种植水稻之外，还以采集野生植物作为获取植物性食物的补充，获取肉食资源则以渔猎为主[23]。

虽然红山文化和良渚文化分处南北两地，地理环境要素略有不同，但半封闭的地理环境，保证了文化的相对持续稳定的发展。同样都受降水和温度的影响，但面临的问题则有所不同：处于北温带的红山文化受东亚夏季风影响，降水主要集中在夏季，总体上干旱少雨，干旱会带来植被的退化和动植物资源的减少；良渚遗址地势较低，降水量增加、海平面上升皆可能带来严重的水患。前者无法通过人为干预改变现状，是红山人面对的最直接的问题；良渚文化则需要防范过量的降水所导致的水灾和温度下降带来的农作物的减产。

为应对气候环境的变化，两地的社会群体分别采取不同的生业模式和应对方式。虽然同是偏重"神权"和礼制的社会，也显示出了不同的社会发展模式。

第二节　文化现象的比较分析

虽然气候环境差别明显，但在文化现象上仍有很多的相似性，如都采用玉器作为"礼制"的载体和统一社会信仰的标志。有研究者指出，"中国早期文明与欧洲早期文明有一个很不一样的特点，即特别强调礼和礼制。从考古发现看礼和礼制的起源和发展，是研究中国文明起源的一个很重要方面"[24]。礼制现象突出、遗址密度最高的地区必然是社会关系最为复杂的焦点，是形成初期国家的最佳地区，良

渚和牛河梁无疑是分析比较的最佳对象。

一、建筑设计与规范

红山文化和良渚文化最显著的与社会发展和社会组织相关的特征主要出现在考古学文化的核心区，良渚文化的核心区为良渚古城，红山文化的核心区为牛河梁遗址，二者的建造都经过了事先的规划。因为地理环境的不同，建筑设计也表现出不同的特征。

牛河梁遗址是由南侧的松岭山脉、西侧的七老图山、北侧的努鲁尔虎山等几座较高的山脉圈定的以低山丘陵为主的半封闭区域，通过山间坂地可与外界交通。

划定的保护区范围面积约为 58 平方公里，由多处功能不同的遗址点组成。考

图八〇　牛河梁遗址的布局

古调查在周边发现了同时期的遗址，与牛河梁遗址西南直线距离五十公里的田家沟遗址发现了同期的墓葬，显示以牛河梁遗址为核心的区域范围可能更大，但暂无具体数据可以判定其准确范围。

　　遗址所在为相对封闭、远离居住区的"圣地"，以祭祀礼仪活动遗存为主。遗址区域利用地理环境和山势统一设计规划，各类功能性建筑之间边界清晰。单体建筑则相对严格遵守中轴对称的布局，共同形成功能互补的建筑群。

　　区域整体设计灵活利用山形地势，以连通第一地点和第十三地点的大型公共礼仪建筑的山脊为区域中心，其余功能相近的遗址点（积石冢地点）则以此为中心，在沿线山脊上选择合适区域建造，同一山脊上常见多个遗址点，如第六、第七地点在第一地点西侧的山梁上；第二、第四、第五地点在第一地点东南侧山梁上；第

十四、十五地点沿第十三地点东南侧的山梁分布（图八〇）。

山体以红色和绿色砂岩为主，结构较为疏松，山洪暴发带来的水土流失在区域内形成了较深的沟谷。预防洪水侵蚀和水土流失是牛河梁遗址在整体规划设计时，除功能设计外另一个需要重点考虑的问题。

以牛河梁遗址第一地点为例，主要设施（台基）的营建利用自然山体，通过垫土、砌石的规范建筑方式，将山脊两侧的坡地逐步垫高，形成与山脊顶部持平的平面，并在此基础上修筑地上建筑。墓地的营建也是如此，通过砌石、垫土垫平坡地，在此基础上开凿墓穴、垒砌石墙。为预防水土流失，所有区域都采用了土石混筑的方式，或在垫土边缘砌筑石墙，或以碎石与土混杂砌筑多层边界。

作为良渚文化核心区的良渚遗址群位于浙江省北部，天目山脉与杭嘉湖平原的交界地带，由西侧的天目山系丘陵山地、北部的大遮山，南部的大雄山、大观山丘陵三面环绕，形成面向杭嘉湖平原、总面积约 1 000 平方公里的 C 形盆地。区域海拔较低、地势起伏较小，平原区域良渚文化层海拔在−1 米到 2 米之间[25]。海侵和洪水成为区域需要重点防范的灾害来源。

良渚古城坐落在 C 形盆地的西北缘，修筑了以莫角山宫殿区为中心、有内墙和外墙的三重结构，总面积 300 万平方米。内、外城墙的修筑时间不同，内城建筑年代较早，充分利用了区域周边的低山丘陵，以凤山、雉山为西南角和东北角砌筑城墙。城墙内统一规划布局，以莫角山宫殿区为中心，西侧为墓葬区，由北向南分别为反山王陵区、姜家山和桑树头贵族墓地，东侧为手工业作坊区，以"井字形"河道网络构成良渚古城的水路系统。宫殿区和墓葬区分列东西的设置可能是良渚人的二元信仰的宇宙观[26]的反映。

水利系统位于良渚古城的北面和西面，由靠近良渚古城的山前长堤、山口位置的谷口高坝和平原低坝组成，建筑时间可能与良渚内城相同，应是良渚古城建筑设计时便已考虑到的防洪水坝，虽可能也有运输或蓄水灌溉的功能，但其最初的目标应与防范可能影响良渚古城的水患有关。

外城墙修筑时间较晚。随着人口增加对居住面积的需求也增加了，内城墙及城内河道被填平用以居住，至良渚文化中晚期，居住范围进一步向外扩展。

无论是大莫角山的人工堆砌山台，还是其他位置的平台，都是利用自然山体，通过垫石块、夯土营建，并以此为大型宫殿区和墓葬区的基础。

牛河梁遗址与良渚古城的设计布局与遗址功能和重点防范的自然灾害的内容密切相关，都是适应各自环境规划和设计的社会中心。

规划布局除了受环境影响之外，更受社会制度的制约。牛河梁遗址的规划设计显示，墓地以影响范围最广的特殊礼仪活动区为中心分布，与中心区的距离受到社群地位的影响。虽然出现了社会分层和最高等级个体，但社会分层并未打破原有的基本社会结构，仍然保持原有的以地域或血缘群体参与活动的社会单元，群体关系也相对较为平等，横向分化仍是社会分化的主要内容，并未出现层级的固化。良渚文化王陵、贵族墓地与平民墓地在空间上的区分表明分化的阶层是建立良渚社会关系的基础，社会分层成为社会分化的主要方向，在横向群体分化的基础上增添了垂直分化的内容，社会分层更加严格、等级分明。

二、玉礼器

"礼制是社会分层所造成的等级社会与不同社会阶层间不平等关系的强调与固定，并愈来愈规范化、制度化和神圣化"[27]。玉器是两考古学文化特别重要的器物，也是"礼制"的重要表现。良渚的玉礼器以琮、璧、钺、冠状饰、三叉形器、玉璜、锥形器为代表，其中冠状饰、三叉形器、玉璜、锥形器是彰显墓主等级地位的一整套饰品[28]，琮、璧、钺则是墓主身份和社会功能的体现，是良渚文化中的功能性礼器。以琮代表神权[29]、以钺代表王权[30]、以璧代表财权[31]。三者组合的完整程度是判断墓主身份地位的重要标志，同时拥有琮、璧、钺的反山 M12，则是良渚文化的"王者之墓"[32]。琮除了是神权的物化表现之外，也是判断聚落等级的重要标准，能否持续拥有琮这一"神权"的代表物，将直接影响聚落在良渚社会中的地位[33]。

红山文化的玉礼器则由勾云形玉器、斜口筒形玉器、璧和其他造型特殊的玉器组成。以勾云形玉器、斜口筒形玉器和玉璧最为常见，而其他制作精美、造型独特的器物如玉人等，皆只见一件，缺乏重复性，无法确知其使用规律。根据玉器的出现频率可以分为特殊造型的不常见玉器、较为常见的玉器和普遍出现的玉器三类，一般而言，同时随葬三类玉器的墓主的身份地位较高，较为常见的玉器皆有相对明确的使用规范。玉器并非红山文化划分墓主社会层级的唯一标准，同与之相关的埋葬特征共同成为判定墓主身份地位的依据。

礼器种类和组合的固定使礼制更具操作性，与良渚文化中相对固定的玉礼器组合不同，红山文化的玉礼器仍具有"礼制"草创阶段的特征，虽然勾云形玉器、斜口筒形玉器等主要器类相对固定，但器物组合仍相对灵活，存在大量彰显个性化特征的特异性玉器。

三、统一信仰的标志

红山文化和良渚文化都形成了一定程度的社会统一意识形态，这种统一信仰所带来的社会认同是社会团结发展的基础[34]。二者皆以玉礼器为主要表现形式，良渚文化区统一的玉礼器系统可能是维系良渚社会政权组织的主要手段和纽带，是良渚文化存在统一的神灵信仰和超强的社会凝聚力的标志[35]。而与此相关的规划和设计，如瑶山、汇观山遗址发现的回字形祭坛，良渚古城的设计和布局等，也是良渚社会信仰的表现。

值得注意的是良渚文化的神人兽面纹，以琮为主要的表现载体，具有与琮相同的特殊的神权意义，又出现在了钺等其他玉器上，因此也赋予了这些玉器以"神权"。这种造型结构统一的"logo"既是良渚文化的重要标志，也是良渚文化人群的信仰认同的表现。

红山文化统一的社会意识形态是通过以玉器为代表的一系列社会公共礼仪活动实现的，"以女神庙和祭坛所凝聚起来的、以附近众多积石冢所代表的社会群体有着相同的信仰和祭神仪式，是有着统一信仰和祭祀行为的宗教共同体，牛河梁一带就是这个共同体的埋葬和祭祀中心"[36]。牛河梁遗址是红山社会的埋葬和祭祀中心，但红山文化统一意识形态的共同体却不仅限于牛河梁遗址。胡头沟墓地与牛河梁遗址一致的墓葬特征及其所展现的相同的社会组织结构、胡头沟遗址与牛河梁遗址相同的玉器使用规范和埋葬规范表明，胡头沟遗址也是统一社会意识形态的共同体的组成部分。牛河梁遗址积石冢（墓地）之外的社会公共活动空间所面对和承载的可能是多个与牛河梁遗址规模相当、组织方式相同的社会群体。有学者提出牛河梁遗址的积石冢地点代表各自独立的酋邦，牛河梁遗址众多地点所组成的是多个酋邦的联盟，社会统一信仰和公共礼仪行为则是团结多个酋邦联盟的基础[37]。牛河梁遗址所见独一领导者的特征则显示，牛河梁遗址所包含的多个积石冢地点所代表的社会群体是组织更为严密的统一的社会实体。社会统一信仰和公共礼仪行为是团结红山社会的基础和方式。

虽然红山社会中可以发现以埋葬制度为代表的统一社会意识形态和信仰的特征，但其统一的社会意识形态却是以一种更为抽象的社会认同为基础的，作为礼制重要载体的玉器并未形成如良渚文化那般统一、具体的规定，而赋予了不同地域群体相当程度的自由创造权。较为常见的璧、勾云形玉器、斜口筒形玉器是最为基础的礼器组合，而大量的仿生动物造型及变形纹饰器物也作为标示墓主身份地位的"礼器"出现。这也意味着从多神信仰向统一意识形态转变的初期的红山文化的"神"更为抽象。

四、手工业生产专业化的发展

红山和良渚都出现了手工业生产的专业化分工。红山文化的陶器和玉器生产显示出复杂化的分工模式。陶器产地应在牛河梁遗址区附近，玉器产地则可能远离牛河梁遗址区，不同种类玉器制作特征的差异性显示其应来自不同的生产地点。红山文化的手工业生产区域可能较为分散，显示出红山文化较广的联络和组织能力。在红山社会中，已经出现了生产者与使用者之间的分工，牛河梁遗址的人群主要是玉器的使用者而非生产者，红山社会的领袖通过掌控玉器的分配过程来实现对特殊物品的控制和管理。

良渚文化的手工业生产水平较高，已经出现了陶、玉、漆器等多种生产门类，早期的玉器和漆器的手工业生产作坊位于良渚古城内的东部，随着城的面积的扩大，外郭城内发现了新的手工业作坊。作坊区作为良渚古城重要的功能区，在良渚古城规划设计的初期就已经出现，这意味着已经出现了专门为良渚古城内的权贵生产玉器的工匠。玉锥等加工工具在墓葬中的出现表明良渚文化中标志社会权力的玉器的拥有者同时也是玉器的制作者[38]。良渚权贵通过控制原料和生产技术的方式对玉器生产加以控制和管理。

五、"神权"与"王权"的关系

从文化现象上来看，红山文化和良渚文化的相似性非常明显：都有经过规划和设计的中心，半封闭式的地理环境有利于其相对稳定的发展；都发展出相对规范的礼仪制度，红山文化的礼仪制度还停留在特殊礼仪行为方面的规范，而良渚文化中则可能已经出现了更为复杂的深入日常生活的规范；手工业的专业化生产都表现出明显的依附性手工业生产的特征，产品多服务于"礼制"活动；红山文化作为"礼制"载体的玉礼器的规定相对宽松，所体现的社会统一意识形态尚未形成明确的社会强制力，良渚文化的玉礼器已经基本固定下来，规范的"神徽"的出现则成为区域文化和社会认同的重要标志。

第三节 "神权社会"的繁荣与衰落

红山与良渚皆是以神权为皈依的社会，统一的社会意识形态或宗教信仰和由此产生的"礼制"成为社会团结和认同的基础。

良渚文化琮、璧、钺为主体的礼器组合，分别以琮代表神权，以璧代表财权，以钺代表王权。三者的规范组合，成为判断良渚人所处社会层级的标志，以琮、钺共出者级别最高，代表同时掌管军权和神权的人；随葬钺而无琮者地位次之[39]。

根据这一原则，还可以进一步判断聚落等级的高低[40]，根据聚落中出现的器物组合及其特征将其划分为多个等级，良渚遗址群是良渚文化中规模最大、等级最高的聚落群，是良渚文化的核心。

良渚文化统一信仰的标志除了玉礼器的规范组合外，还体现为神徽的一致性[41]。在不同地点发现的神徽在构图方面的一致性，表明这是良渚文化群体所普遍认同的象征符号。在以神权为主体的社会阶段，公共权力也产生于社会生产和经济生活中[42]，神权的拥有者同时也是经济生产和军事权力的控制者。对于玉料和制玉工艺的独占是彰显其权力的重要方式，获取此类物品是获取社会权力的重要途径[43]。有研究者[44]指出，在不同地区出现的重要玉器，特别是琮，是由良渚古城的工匠们制作、由良渚的贵族集团派送、馈赠给地方的，以此承认或认可其地方治理权，以实现对地方的控制。也就是说，地方的行政权是通过良渚文化核心区域代表神权的上层群体的赋予而产生其意义的。这意味着良渚文化可能属于一个管理相对紧密的地域组织，以神权为核心的权力体系是纵向等级制的，以良渚古城为权力核心、以寺墩等大型遗址为地方权力中心，处于同一社会垂直管理体系之下[45]。良渚社会属"政教合一"式国家[46]，虽然良渚文化的发展经历了从以神权为主到以军权和王权为主体的权力体系的变化过程[47]，神权在良渚社会中仍具有重要意义。

红山文化也出土了相当数量的玉器，但并未发现如良渚文化中以特定器物（琮）作为神权的标志，而是以一套玉器来彰显相应的社会规范，社会权力的特征中经济和军事权力的特征并不明显。红山文化统一的社会信仰是通过一系列玉器共同表现、通过社会公共的礼仪活动实现的。虽然社会上层组织了玉器的制作，但牛河梁遗址既不是玉器的生产地点，遗址中玉器的使用和拥有者也并不是玉器的直接制作者。玉料和制玉工艺并不是获取神权的必要方式，玉器只是个体所处地位和职能的彰显。

在红山文化中，神权仍然是一个相对抽象的概念，而未能以某种单一物化形式作为神权的代表。

牛河梁遗址不仅是红山文化规模最大的社会公共礼仪活动中心，也是红山文化高等级墓葬较为集中的区域，牛河梁与胡头沟高等级墓葬之间的差异显示红山文化可能存在更为复杂的社会分层体系。牛河梁遗址多座高等级墓葬出现在不同埋葬区（积石冢），显示社会中并未形成权力的继承机制，核心人物也没有控制权力的分配。

牛河梁遗址不同积石冢（墓地）所代表的人群之间并不存在明确的垂直隶属关系，而是属于同一社会群体的必要组成部分。不同时期最高等级个体在社会群体之间的轮换显示尚未出现可以独占的、可继承的权力。

与良渚文化相比，红山文化的神权仍占据主要地位，牛河梁遗址是红山文化宗教信仰的中心，虽然并未因此成为红山文化的行政中心，但牛河梁遗址的社会群体因更接近神权的中心而有了更大的规模和显著的社会地位。红山文化所体现的是神权凌驾于行政管理权之上。而良渚文化已经开始出现了神权向行政权的转化，行政权与神权渐趋合一。

在良渚文化中发现了商品经济存在的信息[48]，商业经营以及由此产生的财富和社会影响的增加，可能是良渚文化晚期由以神权为主导的社会向以王权为主导的社会转变的重要动力。牛河梁遗址也出现了明显的手工业生产流水线分工的特征，但这种集中生产的产品并未用于贸易或其他消费，而是较为集中地出现在某些地点，表现出明显的"计划"而非商业的特征。复杂的手工业分工都是围绕特殊产品的生产展开的，而这些产品则是社会礼仪活动中的重要内容。没有发现与世俗权力有关的特征，在牛河梁遗址中神权应是独立且凌驾于世俗社会生活之上的。

牛河梁遗址所代表的红山文化晚期是以神权为核心的社会，这种统一的社会意识形态（虽然目前暂且无法对其意识形态的内容有准确的了解）超越了地域范围，将分散到不同遗址的红山社会群体整合起来，形成了以神权为中心的社会秩序。虽然并未出现以武力为依托的强制力，但统一的意识形态及与之相关的社会秩序得到了社会的普遍认可，并因此对社会成员产生约束力。

红山文化虽也以玉器作为划分社会层级的主要标志，但从社会构成上来看，仍是以中间层级为主的相对平等的社会。不同时期社会首领埋葬位置不同，而未形成明显的不同等级墓葬相对独立的埋葬区域，也许显示着首领的产生出自"神选"或"民选"而尚未形成血缘传承的方式。

牛河梁遗址和良渚古城的修建都需要动员大量的人力物力来完成原料的获取和施工，在工程开始之前都有完整的规划和设计。在这种大型工程的建造过程中没有发现强制劳动的迹象，可以认为对信仰的崇拜是动员力超强的主要原因。

相同的信仰、统一的社会意识形态无疑在社会发展的初期起到了最大限度地团结更广阔地域范围内的人群的作用，人口的增加带来了社会财富的明显增加。同时，基于相同社会认同所带来的社会动员和组织能力的增强，在大型社会公共设施的建设中也表现出明显的优势，形成了为其他小规模群体所钦羡的社会精神和物质文化成果。与社会公共活动相关的各项生产技术也得到了明显的提升。在统一的社会意识形态形成之初，这些都对社会复杂化的发展起到了重要的推动作用。

对神权或意识形态领域的特殊关注导致社会生产力的发展主要围绕于信仰或特殊礼仪行为相关的器物的生产，特别是对社会整体发展并无进一步推动作用的奢侈品——玉器的生产和社会公共设施的兴建，这些活动无疑耗费了社会相当大量的资源和人力。对精神领域的特别关注和对物质领域的忽视，导致作为社会发展基础的物质文化生产的相对落后，在面临自然灾害或其他社会危机时，无法有效应对并推进社会的发展。这种神权至上的机制和观念长期持续，高度发达的精神文化与物质文化发展水平的相对落后的矛盾，最后积累成为社会发展的阻力[49]。

小　　结

新的年代测定结果将以牛河梁遗址为代表的红山文化大型礼仪设施的修筑和主要使用年代推进到了红山文化的中期偏晚阶段（至少在距今 5 600 年已经完成了第一地点大平台的修筑）。上层积石冢阶段墓葬细分之后对比年代测定结果，可以对牛河梁遗址的年代有更为明晰的认识。N5Z1M1 的人骨测定年代为距今 5 360 年左右[50]，N2Z1M8 填土内炭屑测年结果为前 3360～前 2920 年，根据墓葬特征的变化，两座墓葬的年代皆属上层积石冢阶段的第 3 段。N2Z1 封土内炭屑的测年结果为前 3799～前 3517 年，与第一地点"女神庙"炭化木柱和山台上晚期燎祭遗迹皆为距今 5 600 年左右的测年结果较为相近。也就是说牛河梁遗址上层积石冢阶段的最早墓葬的年代与第一地点祭祀礼仪性遗迹的建筑年代基本相当。目前尚无法确定其最后延续的时间，多数学者认为红山文化结束于距今 5 000 年前。

良渚文化的年代为距今 5 300～4 300 年[51]，根据最新的研究成果，古城墙、莫角山宫殿、反山贵族墓地、瑶山与汇观山的祭坛及贵族墓地以及城外水利系始建年代约在前 3000 年[52]，至良渚晚期，城墙、河道及莫角山宫殿区皆成为重要的居住区。良渚古城在距今 5 000 年前后崛起并延续发展。

时间上略有先后，分别产生于北方干旱环境下的红山文化和南方多水环境下的良渚文化，虽然面对不同的自然和地理环境选择了不同的生业模式，但在发展过程中都选择以玉器作为社会层级和礼制的物化表现，社会也都显示出以神权为主的特征。通过对信仰的强调和多样的社会公共活动实现了多群体的社会的统一，人口的增长带来了社会的繁荣，以公共信仰和社会礼仪活动为中心的社会生产的发展带来了高等级的墓葬、社会公共设施的兴建和发达的玉器制造工业的出现。

神权在社会生活中的地位和发展阶段的不同是两考古学文化的主要差异，红山文化的神权社会显示出更为明显的统一意识形态初步形成、"礼制"初步确立时的特征，缺乏严格的关于礼的规范，虽然对与特殊礼仪行为相关的礼器的拥有和使用形成了一定的限制，但这种限制仍相对松散，对社会成员的约束也主要集中在直接参与社会公共活动的人群，未能对不同区域的人群形成强有力的约束。

社会团结建立在基于相同意识形态所产生的社会认同的基础上，并未形成明确的具有统一行政管理特征的社会。不同地域群体之间并无直接的领导或隶属关系，其差异主要体现为在神权体系中的地位不同。高等级个体是祭祀或社会公共礼仪活动的主持者，却只是神权的代行者，在其亡故后虽然可以短暂地获得被"祭祀"的资格，但仍未能掌握神权，也不具备"转让"权力或"赋予"他人权力的资格。在红山文化中，神权至上，礼制和社会生产的发展是服务于神权的。

良渚文化的神权则显示出进一步发展的特征，不仅对礼器做出了较为严格的界定，也形成了以礼制为中心的垂直的社会管理体系。神权虽然仍然是社会信仰的核心，但神权的执行已经集中到特定群体的手中，由神权所赋予的行政权已经有了取代神权的趋势，神权成为某些人或者是某个阶层的专利。

红山文化开创了以统一的信仰和意识形态凝聚广大区域社会集团的先例，红山与良渚在神权社会的发展和礼制特征方面的相似性和连续性变化显示二者之间可能存在意识形态或精神文化领域的交流。虽然红山与良渚一北一南，在空间上无法发生直接的接触，通过史前上层社会间超越单纯物质特征的知识文化的交流，良渚文化成为红山文化的精神继承者。红山文化的社会实践对良渚国家构建尤其是对大范围社会组织的凝聚和控制产生了重要的示范作用[53]。

结　语

　　与 400 毫米等降水线重合的长城地带是游牧与农耕族群的分界线，由于生业方式不同带来的文化特征和社会结构的不同，也使长城成为历史时期中原王朝与北方族群的分界线。地处长城以北的东北地区在漫长的历史时期，或是中原王朝的"羁縻"州府，或是北方的"蛮荒"之地，长期以来是历史记载中的"落后地区"。即使曾经强盛的辽、金也未能摘掉落后的标签。虽然李济先生[1]在 1954 年就已经提出，不应以长城作为探寻中国文明起源的界限，而要"向长城以北探寻中国人更老的老家"，受各种条件的限制，向北的探寻仍然停留在理想的层面，北方地区仍然是中国考古学研究的边缘。苏秉琦先生[2]提出中国考古学的"六大区系"，将"以燕山南北长城地带为重心的北方"放在了与"以关中（陕西）、晋南、豫西为中心的中原"同样重要的位置，又以"Y 字形文化带"将北方地区纳入中华文明起源研究的大系中，偏居东北的红山文化才成为中华文明的"满天星斗"中的一颗。

　　牛河梁遗址"坛庙冢"的发现，将中国传统的"天坛、太庙、帝陵"的高等级建筑组合的起源推进到 5 000 多年前，为中华五千年文明的确认提供了新的线索，牛河梁遗址的考古发现也被称为"中华五千年文明的曙光"，红山文化的发掘与研究也因此站在了文明起源研究的前沿。

一、研究与认识

从红山文化命名至今已近 70 年，从可追溯的第一个红山文化遗址的发掘至今已有百年，虽然与全面认识延续千余年的红山文化的目标相距尚远，持续的研究也形成了对红山文化的初步认识。

1. 交流与互动促进了红山社会的发展

辽西地区属于传统的北方筒形罐文化区，该区域各考古学文化的器物皆为造型略有差异的筒形罐，器物种类少、器形单一。继兴隆洼文化、赵宝沟文化之后兴起的红山文化的器物却更加多样，在以北方传统的石器和造型简单的筒形罐为主体的基础上，新出现了罐、钵、壶等多种形制的器物，并出现了相当数量的彩陶器。与兴隆洼文化相比，玉器的种类和数量也明显增加，制玉工艺有所提升。

考古学文化间的交流与互动为红山文化的繁荣和发展增添了新的活力，以圜底釜为代表的新的文化因素在红山文化中的出现和消逝显示红山文化对外来文化因素的包容与接纳，彩陶制作技术的传入为红山文化增添了艺术表现的方式，彩陶也成为红山文化晚期祭祀和礼仪活动的重要礼器。独立的彩陶纹饰的发展演变趋势及其与器物的组合方式显示红山人主动学习和吸收了彩陶的制作技术，在制作出新器物的同时，也将其用来重新诠释北方地区早已出现的纹饰特征，将彩陶融入红山自身的发展体系中，成为红山文化艺术和社会信仰的新的表现形式。文化的交流与互动在为红山文化的发展注入新的活力的同时，将可能来自其他地域的人群、新的域外的生产技术体系有效整合起来，也使红山文化成为开放、包容的多元社会。

不同制作工艺体系下的玉镯（环）和玉璧的制作者不仅在红山社会中和谐共存，更在红山文化的宗教礼仪体系下共同发挥作用，共同服务于相同的信仰体系和礼仪制度。

广泛吸纳来自其他地域的先进的文化因素使红山文化显示出更为活跃的特征，对本地传统的继承和发扬奠定了红山文化发展的根基。

积石石棺墓和积石土坑墓的传统可以追溯至兴隆洼文化，在红山文化中得到了进一步的强化，大型墓葬出现了有规模更大的封土积石堆的"积石冢"，并成为红山文化最显著的特征。石雕人像的传统也可追溯至白音长汗[3]、南湾子北遗址[4]发现的兴隆洼文化的石雕人像。

2. 统一的意识形态是红山社会团结与发展的信仰基础

统一的意识形态并不意味着单一的社会信仰，而将表现方式不完全相同的信仰整合起来的礼制是红山文化统一意识形态的关键，对"礼"的认同和遵循确保了社会的有序发展。

集村和散村是受地理环境影响的两种并存的乡村聚落模式，也与社会组织模式密切相关，散村以自然村落所构成的联系密切的区块为社会关系网络与社会控制的基本单位[5]，而与区域外的联系和依存关系都相对较弱。辽西山地的现代人群多沿山谷分散居住，形成断续分布的"散村"，山地独特的地理环境影响了区域人群的居住模式，形成以散村而非集村为主的聚落特征。流域考古调查也发现了相似的聚落分布特点，少郎河流域、半支箭河流域等都发现了小流域范围内多个面积不大的遗址点相对集中分布的趋势，并形成了流域内部相对独立的聚落规模的分化[6]。散居带来了天然的分离和各自独立的倾向。墓葬、礼仪性建筑的等级差异以及随葬玉器所显示的社会秩序，墓葬特征乃至变化的相同趋势都显示这是一个高度统一的社会，而非区域群体的简单联合，"统一"的社会管理体系初步形成，而统一的意识形态及与之相关的礼仪行为则成为社会团结的基石。

墓葬特征显示牛河梁遗址是统一的多群体社会，群体中已经出现较为明显的垂直分化，牛河梁遗址最高等级个体是牛河梁社会的领导者。玉器的制作特征和原料来源的复杂性显示牛河梁社会的控制和影响范围已远超过牛河梁遗址的区域。墓葬规模和随葬品特征所显示的"礼制"的规范实现了多群体社会的有序统一。相同的墓地布局、较为一致的社会分化和组织结构特征在胡头沟遗址的发现显示在墓葬规模和随葬品特征上的"礼"并不限于牛河梁遗址，而是为全体成员所普遍接受的社会规范，这种相似性也表明胡头沟遗址可能存在与牛河梁遗址相似的社会组织结构。胡头沟遗址高等级墓葬虽然随葬品种类与牛河梁遗址相似，但从器物的体量、制作的精致程度方面都略显逊色；墓地的结构虽基本相同，但砌筑石墙的石料却略显粗糙，这意味着二者之间等级差异的存在。胡头沟遗址高等级墓葬约与牛河梁遗址最晚阶段的 N2Z2M1 相当，虽然二者之间可能并不存在行政上的隶属关系，但等级规模的差异显示二者在"礼制"所确定的上下尊卑的序列中占据不同的位置。

虽然红山文化中可能尚未出现垂直的行政管理体系，但礼制规范在广泛区域内得到了普遍的接受和认同，由此产生的社会团结与认同也促进了社会的发展，礼仪活动设施及相应的礼仪活动的开展进一步强化了统一意识形态的形成。

统一的意识形态则在经济生活中并没有强烈依赖关系的群体之间产生联系，由礼所确定的社会秩序对个人和群体的社会地位与职能的定位确保社会的和谐发展。远离居住区的祭祀礼仪活动中心强化了圣地与俗世的区分，使礼仪活动更具神圣性。

牛河梁遗址规模大、等级高的社会公共建筑是红山文化的礼仪活动中心，在礼仪活动中占据重要位置的牛河梁社群也因此成为红山晚期发展程度最高的群体。牛河梁遗址墓葬所显示的有统一社会组织的多群体社会与考古调查所发现的多个遗址点相对集中分布的特征较为相似，其所对应的可能是分布在更广泛地域的人群。有序的社会组织机构整合了分散居住的地域群体，形成了红山社会发展的空间优势。礼制系统下的社会分层将红山社会打造成为以"礼制"为内在凝聚力的统一社会，为"神权国家"的形成奠定了基础。

3. "礼"的完善与衰落

由礼仪活动所体现的"礼"是红山社会的规范和秩序的核心，围绕这一核心所开展的活动和建立起来的配套设施在红山文化晚期形成了发达的宗教礼仪活动中心。

祭祀礼仪活动遗迹是红山文化中发现数量较多的遗迹类型之一，其中发现的与祭祀礼仪行为相关的各类塑像在材质、造型方面的差异也显示人群构成和礼仪活动主体方面的不同。红山文化的"礼"将不同群体中流行的略有差异的祭祀礼仪活动整合起来，以涉及人群范围的不同划分礼仪活动的层级、确定与其所处层级相适应的礼仪活动设施的规模，形成有序的信仰秩序。以牛河梁遗址规模庞大的社会公共设施作为红山社会的宗教礼仪活动中心，牛河梁与胡头沟高等级墓葬之间规模的差异可能与人群在社会信仰体系中的地位有关。

礼仪活动和对重要设施的修建、使用和维护作为社会成员广泛参与的社会公共活动，成为形成共识和社会认同的基础，相关的活动也强化了对统一意识形态的接受和认同。

较为宏大的宗教礼仪活动中心与以中小型聚落为主的聚落规模，造型多样、变化明显的玉礼器和彩陶筒形器与造型简单、变化更新缓慢的筒形罐的生产之间的差异显示红山社会在精神礼仪活动与日常生产社会生活方面的巨大反差。以祭祀礼仪活动为中心的红山社会实现了社会团结的目标却忽视了物质生产的发展，强化的社会意识形态实现了红山社会的繁荣与团结，也为其衰落埋下了伏笔。红山文化之后兴起的小河沿文化不见大型的祭祀礼仪活动场所，墓葬特征也显示出更加关注个体的地位而非社会整体的信仰。

红山文化不仅继承了本地筒形罐的文化传统，更是广泛吸收了来自中原和其他地区的优秀因素，形成了不同于中原地区考古学文化的北方特征。由礼仪活动所表现的统一的社会秩序是红山社会最为突出的制度创造，实现了跨区域、跨群体的广泛的社会团结。由此所带来的社会体量的扩展和人口规模的增加也为红山文化晚期礼仪活动中心的修建奠定了基础。经过不断的强化和拓展，礼制成为红山文化最为核心的标志和价值观的主体，形成了以统一意识形态为核心的社会发展模式。

二、问题与探索

相较于我们所获得的对红山文化的认识，红山文化给我们留下了更多的谜团，研究者们能够达成共识的认识也远少于存在争议的话题。

1. 红山文化的源流和谱系

学界普遍认同距今 6 500～5 000 年是红山文化延续发展的主要时期，作为最典型器物的筒形罐器形简单缺乏变化，是分期研究中必不可少但最不稳定的器物。现有的分期框架多是参照中原地区的考古学文化建立起来的，确定了红山文化研究基本的时间框架，也将红山文化与中原地区考古学文化的研究联系起来，可以从更广泛的领域探讨不同考古学文化之间的交流与互动。文化的交流与互动无疑是红山文化的形成和发展的重要推动力，但其主体是根植于本地传统还是外来文化的意义则有所不同，于上个世纪末形成的"兴隆洼—赵宝沟—红山—小河沿"的辽西地区文化谱系也受到了新的挑战。

2. 是否进入文明社会的争论

一直备受关注的牛河梁遗址群是公认的红山文化的祭祀礼仪活动中心，而多年的考古工作仍未发现与之规模相匹配的居住址。目前红山文化经过发掘的居住遗址以遗址面积十几万平方米的魏家窝铺遗址最大，西台遗址的面积则在五万平方米左右，考古调查也显示红山文化遗址以五万平方米左右的数量最多。未发现大型都邑成为质疑红山文化已经进入文明阶段的主要原因。探寻与牛河梁遗址规模相匹配的居住性遗址是我们工作的目标，但我们也不得不考虑以下的可能：

多丘陵、少平地的山地环境是影响红山社会居住模式的主要因素，现代社会山区的乡村聚落也显示自然村的规模较小，组成同一行政村的自然村之间可能距离较远，人口规模更小的红山文化时期很可能也采取了类似的居住模式。

红山社会中重精神、轻物质，重死轻生的社会观念不仅对红山人的居住模式产生了影响，也影响了生产力的正常发展，日常生活领域所体现的社会发展水平偏低，可能无法与礼仪中心相匹配。与大型礼仪中心相对应的可能是周边广泛区域的居住址。

将生产技术的发展与更新、更高效的生产管理体系都投入到与祭祀礼仪行为相关的产品的生产方面，高效的发展并未完整投射到日常生活领域，导致日常生活领域的发展变化相对缓慢。

3. 生业方式

石耜等工具及大型礼仪设施的发现成为判断红山社会农业发展程度的重要依据，研究者多认为农业生产所带来的产品剩余成为红山社会分化及社会公共设施建设的基础。而兴隆沟、魏家窝铺等遗址的浮选结果显示粟、黍等农作物果实的比例并不高。牛河梁遗址发现了相当数量的各类动物的骨骼，野生木本植物杏、橡子等的果核，却几乎未见农作物的果实。

这表明虽然红山文化已经出现了农业，但农业生产相对粗放，渔猎和采集所占比例仍然较大，农业并未成为红山文化的"支柱"产业。而以渔猎和采集为主的社会如何支撑需要消耗大量剩余产品的社会公共礼仪活动则成为新的问题。

红山社会的经济发展、社会组织等在宗教礼仪活动和日常生活方面的表现都存在很大的不同，先进的生产技术和丰富的艺术表现力都更多地表现在与宗教礼仪行为相关的方面，而与日常生活相关的设施和器物的变化则相对缓慢；等级分化明显、严格的社会管理体系也在礼仪行为方面表现出来，而居住址却并无明显差异。这种两极分化的社会发展模式从多个角度区分了神圣与世俗，提升了神权和圣地的地位，建立了以"神权"为中心的社会发展体系。

红山文化可能采取了一种不同于中原地区的社会发展模式，对这种差异的认识将丰富对多元一体中华文明的全面了解。

注　释

绪　论

[1] 此处的辽西地区不限于行政区划上的辽宁西部地区，而是采用考古学上辽西区的概念，其范围包括行政区划上的辽宁西部、河北北部和内蒙古东南部地区。苏秉琦：《中国文明起源新探》，生活·读书·新知三联书店，1999 年，第 40 页。

[2] 近年西辽河流域发现的哈民忙哈遗址也常被划归红山文化，称为红山文化哈民类型，但其陶器的特征与目前确认的典型红山文化遗存仍有差别，也有学者提出应将其单独定名为哈民忙哈文化。由于不涉及对哈民忙哈遗址的具体分析，在此笔者采用较为保守的判断，不将此类遗存归入红山文化。

[3] 内蒙古文物考古研究所：《巴林左旗友好村二道梁红山文化遗址发掘简报》，《内蒙古文物考古文集（第一辑）》，中国大百科全书出版社，1994 年；内蒙古文物考古研究所：《克什克腾旗南台子遗址发掘简报》，《内蒙古文物考古文集（第一辑）》，中国大百科全书出版社，1994 年；中国社会科学院考古研究所内蒙古工作队：《赤峰西水泉红山文化遗址》，《考古学报》1982 年 2 期；段天璟、成璟瑭、曹建恩：《红山文化聚落遗址研究的重要发现——2010 年赤峰魏家窝铺遗址考古发掘的收获与启示》，《吉林大学社会科学学报》2011 年 4 期；成璟瑭、塔拉、曹建恩、熊增珑：《内蒙古赤峰魏家窝铺新石器时代遗址的发现与认识》，《文物》2014 年 11 期；辽宁省文物考古研究所、朝阳市博物馆、朝阳县文管所：《朝阳小东山新石器至汉代遗址发掘报告》，《辽宁道路建设考古报告集（2003）》，辽宁民族出版社，2004 年；内蒙古自治区文物考古研究所、吉林大学边疆考古研究中心：《赤峰上机房营子遗址与西梁》，科学出版社，2012 年；辽宁省文物考古研究所：《牛河梁——红山文化遗址发掘报告（1983～2003 年度）》，文物出版社，2012 年。

［4］ 由于筒形罐与通常意义的罐形制差别较大，在此单独提出。

［5］ 何贤武：《对辽西地区新石器文化的几点看法》，《辽宁省考古、博物馆学会成立大会会刊》，1981 年。

［6］ 金家广：《孟各庄新石器时代遗存的初探》，《考古》1983 年 5 期。

［7］ 冯恩学：《东北平底筒形罐区系研究》，《北方文物》1991 年 4 期；闫亚林：《新石器时代黄河流域文化格局的变迁与筒形罐系统的文化趋势》，《中原文物》2010 年 3 期。

［8］ 中国社会科学院考古研究所内蒙古工作队：《赤峰西水泉红山文化遗址》，《考古学报》1982 年 2 期；辽宁省文物考古研究所、朝阳市博物馆、朝阳县文管所：《朝阳小东山新石器至汉代遗址发掘报告》，《辽宁道路建设考古报告集（2003）》，辽宁民族出版社，2004 年。

［9］ 内蒙古文物考古研究所：《克什克腾旗南台子遗址》，《内蒙古文物考古文集（第二辑）》，中国大百科全书出版社，1997 年。

［10］ 内蒙古自治区文物考古研究所：《白音长汗——新石器时代遗址发掘报告》，科学出版社，2004 年。

［11］ 内蒙古自治区文物考古研究所、吉林大学边疆考古研究中心：《赤峰上机房营子遗址与西梁》，科学出版社，2012 年。

［12］ 辽宁省博物馆、昭乌达盟文物工作站、敖汉旗文化馆：《辽宁敖汉旗小河沿三种原始文化的发现》，《文物》1977 年 12 期；李恭笃、高美璇：《内蒙古敖汉旗四棱山红山文化窑址》，《史前研究》1987 年 4 期。

［13］ 林秀贞、杨虎：《红山文化西台类型的发现与研究》，《考古学集刊（19）》，科学出版社，2013 年。

［14］ 杨虎：《辽西地区新石器——铜石并用时代考古文化序列与分期》，《文物》1994 年 4 期。

［15］ 早晚两期分别是以红山后、西水泉、四棱山遗址为代表的"红山后类型"和以东山嘴、城子山、胡头沟遗址为代表的"城子山类型"。高美璇、李恭笃：《辽宁凌源县三官甸子城子山红山文化遗存分期探索》，《考古》1986 年 6 期。

［16］ 杨虎分别以兴隆洼 F133 遗存、西水泉类型和东山嘴类型为代表将红山文化分为三期，参见杨虎：《关于红山文化的几个问题》，《庆祝苏秉琦考古五十五周年论文集》，文物出版社，1989 年；张星德提出红山文化的三期可分别与中原地区的后冈一期文化、庙底沟文化和半坡四期文化相当，参见张星德：《红山文化分期初探》，《考古》1991 年 8 期；赵宾福等也将红山文化分为三期，与张星德的基本时代对应关系较为一致，牛河梁遗址下层遗存、下层积石冢和上层积石冢分别属于红山文化的三个时期，参见赵宾福、薛振华：《以陶器为视角的红山文化发展阶段研究》，《考古学报》2012 年 1 期；刘国祥将每期又进一步分为早晚两段，参

见刘国祥：《红山文化研究》，科学出版社，2016 年。

［17］朱延平所划分的四期中，一期以兴隆洼遗址 F133 为代表，二期以兴隆洼遗址 F106 为代表，三期以西水泉和蜘蛛山等遗址为代表，四期以牛河梁和东山嘴等遗址为代表，参见朱延平：《东北地区南部公元前三千纪初以远的新石器考古学文化编年、谱系及相关问题》，《考古学文化论集（4）》，文物出版社，1997 年；陈国庆的四期略有差异，将牛河梁遗址第五地点下层遗存划归第三期，而其他遗存为第四期，参见陈国庆：《红山文化研究》，《华夏考古》2008 年 3 期；文中并未对其分期结果与其他学者的分期结论之间的差异加以说明，但根据对各时段特征的描述可大体与其他学者的分期予以对应。

［18］"半坡文化的绝对年代约为公元前 4900 年至公元前 4000 年"，严文明：《论半坡类型和庙底沟类型》，《考古与文物》1980 年创刊号；赵宾福：《半坡文化研究》，《华夏考古》1992 年 2 期。"后冈一期文化的年代下限在公元前 4000 年左右"，张忠培、乔梁：《后冈一期文化研究》，《考古学报》1992 年 3 期。

［19］吉发习：《内蒙古托克托县新石器时代遗址调查》，《考古》1978 年 6 期；汪宇平：《内蒙古清水河县白泥窑子村的新石器时代遗址》，《文物》1961 年 9 期；魏坚、崔璇：《内蒙古中南部原始文化的发现与研究》，《内蒙古文物考古文集（第一辑）》，中国大百科全书出版社，1994 年；内蒙古文物考古研究所：《庙子沟与大坝沟》，中国大百科全书出版社，2003 年。

［20］中国社会科学院考古研究所内蒙古工作队：《赤峰蜘蛛山遗址的发掘》，《考古学报》1979 年 2 期。

［21］张星德：《红山文化分期初探》，《考古》1991 年 8 期。

［22］赵宾福、薛振华：《以陶器为视角的红山文化发展阶段研究》，《考古学报》2012 年 1 期。

［23］赵宾福、薛振华：《以陶器为视角的红山文化发展阶段研究》，《考古学报》2012 年 1 期。

［24］张星德：《牛河梁遗址"女神庙组"陶器的辨识及其意义》，《考古》2018 年 11 期；辽宁省文物考古研究所：《牛河梁——红山文化遗址发掘报告（1983～2003 年度）》，文物出版社，2012 年。

［25］王芬、栾丰实：《牛河梁红山文化积石冢的分期和年代》，《中原文物》2016 年 4 期。

［26］郭明：《牛河梁遗址红山文化晚期社会的构成》，社科文献出版社，2019 年。

［27］滨田耕作、水野清一：《赤峰红山后——热河省赤峰红山后先史遗迹一》，《东方考古学丛刊》甲种第六册，东亚考古学会，1938 年。

［28］尹达：《中国新石器时代》，生活·读书·新知三联书店，1955 年。

［29］梁思永：《热河查不干庙林西双井赤峰等处所采集之新石器时代石器与陶片》，

《梁思永考古论文集》，科学出版社，1959 年。

［30］安特生著，袁复礼译：《奉天锦西县沙锅屯洞穴层》，《古生物志》丁种第一号第一册，农业部地质调查所，1923 年。

［31］陈星灿：《中国史前考古学史研究（1985～1949）》，生活·读书·新知三联书店，1997 年。

［32］梁思永：《热河查不干庙、林西、双井、赤峰等处所采集之新石器时代石器与陶片》，《小屯、龙山与仰韶》，商务印书馆，2020 年。

［33］李济：《中国上古史之重建工作及其问题》，《李济文集》，上海人民出版社，2006 年。

［34］滨田耕作、水野清一：《赤峰红山后——热河省赤峰红山后先史遗迹一》，《东方考古学丛刊》甲种第六册，东亚考古学会，1938 年。

［35］汪宇平：《内蒙古自治区发现的细石器文化遗址》，《考古学报》1957 年 1 期；李逸友：《昭乌达盟巴林左旗细石器文化遗址》，《考古学报》1959 年 2 期。

［36］吕遵谔：《内蒙古赤峰红山考古调查报告》，《考古学报》1958 年 3 期。

［37］李恭笃：《辽宁敖汉旗小河沿三种原始文化的发现》，《文物》1977 年 12 期；李恭笃、高美璇：《内蒙古敖汉旗四棱山红山文化窑址》，《史前研究》1987 年 4 期。

［38］刘晋祥、杨国忠：《赤峰西水泉红山文化遗址》，《考古学报》1982 年 2 期。

［39］徐光冀：《红山文化的新发现》，《新中国的考古发现和研究》，文物出版社，1984 年。

［40］方殿春、刘葆华：《辽宁阜新县胡头沟红山文化玉器墓的发现》，《文物》1984 年 6 期。

［41］郭大顺、张克举：《辽宁省喀左县东山嘴红山文化建筑群址发掘简报》，《文物》1984 年 11 期。

［42］《座谈东山嘴遗址》，《文物》1984 年第 11 期。

［43］辽宁省文物考古研究所：《牛河梁——红山文化遗址发掘报告（1983～2003 年度）》，文物出版社，2012 年。

［44］冯时：《红山文化三环是坛的天文学研究——兼论中国最早的圜丘与方丘》，《北方文物》1993 年 1 期。

［45］辽宁省文物考古研究所：《辽宁牛河梁红山文化"女神庙"与积石冢群发掘简报》，《文物》1986 年 8 期。

［46］"积石冢"概念的外延也在不断变化，除了具备三特征的积石冢之外，有墓无墙，有墙、有积石而无墓的遗存也曾被称为积石冢，随后将无墓葬的积石建筑改称为"坛"，墓葬成为构成积石冢的必要因素。

［47］李恭笃：《辽宁凌源县三官甸子城子山遗址试掘报告》，《考古》1986 年 6 期。

［48］郭大顺：《红山文化的"唯玉为葬"与辽河文明起源特征再认识》，《文物》1997 年 8 期。

［49］朱乃诚：《中国早期文明的红山模式》，《红山文化学术讨论会论文集》，辽宁人民出版社，2013 年。

［50］苏秉琦：《象征中华的辽宁重大文化史迹》，《华人·龙的传人·中国人——考古寻根记》，辽宁大学出版社，1994 年。

［51］杨虎：《关于红山文化的几个问题》，《庆祝苏秉琦考古五十五年论文集》，文物出版社，1989 年。

［52］中国社会科学院考古研究所内蒙古工作队、内蒙古自治区敖汉旗博物馆：《内蒙古敖汉旗蚌河、老虎山河流域新石器时代遗址调查简报》，《考古》2005 年 3 期。

［53］辽宁省文物考古研究所、美国匹茨堡大学人类学习、美国夏威夷大学：《中美合作大凌河上游流域田野考古调查报告》，《考古》2010 年 5 期。

［54］内蒙古文物考古研究所：《白音长汗——新石器时代遗址发掘报告》，科学出版社，2004 年。

［55］内蒙古文物考古研究所：《克什克腾旗南台子遗址》，《内蒙古文物考古文集（第二辑）》，中国大百科全书出版社，1997 年。

［56］辽宁省文物考古研究所、朝阳市博物馆、朝阳县文管所：《朝阳小东山新石器至汉代遗址发掘报告》，《辽宁道路建设考古报告集（2003）》，辽宁民族出版社，2004 年。

［57］段天璟、成璟瑭、曹建恩：《红山文化聚落遗址研究的重要发现——2010 年赤峰魏家窝铺遗址考古发掘的收获与启示》，《吉林大学社会科学学报》2011 年 4 期；成璟瑭、塔拉、曹建恩、熊增珑：《内蒙古赤峰魏家窝铺新石器时代遗址的发现与认识》，《文物》2014 年 11 期。

［58］林秀贞、杨虎：《红山文化西台类型的发现与研究》，《考古学集刊（19）》，科学出版社，2013 年。

［59］王来柱：《凌源市田家沟红山文化墓葬群》，《中国考古学年鉴 2010》，文物出版社，2011 年。

［60］辽宁省文物考古研究所、朝阳市龙城区博物馆：《辽宁朝阳半拉山红山文化墓地的发掘》，《考古》2017 年 2 期；辽宁省文物考古研究所、朝阳市龙城区博物馆：《辽宁朝阳市半拉山红山文化墓地》，《考古》2017 年 7 期。

［61］赵宾福、薛振华：《以陶器为视角的红山文化发展阶段研究》，《考古学报》2012 年 1 期；陈国庆：《红山文化研究》，《华夏考古》2008 年 3 期。

［62］王芬、栾丰实：《牛河梁红山文化积石冢的分期和年代》，《中原文物》2016 年 4 期；索秀芬、李少兵：《牛河梁遗址红山文化遗存分期初探》，《考古》2007 年 10 期；张星德：《牛河梁遗址"女神庙组"陶器的辨识及其意义》，《考古》2018 年 11 期；郭明：《牛河梁遗址墓葬分期再讨论》，《北方文物》2020 年 6 期。

［63］张星德：《后冈期红山文化再考察》，《文物》2015 年 5 期。

［64］余西云：《西阴文化——中国文明的滥觞》，科学出版社，2006 年。

［65］杨虎：《关于红山文化的几个问题》，《庆祝苏秉琦考古五十五年论文集》，文物出版社，1989；张星德：《红山文化分期初探》，《考古》1991 年 8 期；索秀芬、郭治中：《白音长汗遗址红山文化遗存分期探索》，《内蒙古文物考古》2004年 1 期。

［66］赵宾福：《赵宝沟文化的分期与源流》，《中国考古学会第八次年会论文集（1991年）》，文物出版社，1996 年。

［67］王嗣洲：《试论红山文化社会经济形态》，《博物馆研究》1993 年 3 期。

［68］孙守道等：《牛河梁红山文化女神头像的发现与研究》，《文物》1986 年 8 期。

［69］卜工：《牛河梁祭祀遗址及其相关问题》，《辽海文物学刊》1987 年 2 期。

第一章　红山文化的兴起

［1］孔昭宸、杜乃秋、王苏民等：《中国全新世大暖期气候与环境的基本特征》，《中国全新世大暖期气候与环境》，海洋出版社，1992 年；孔昭宸、杜乃秋、刘观民等：《内蒙古自治区赤峰市距今 8 000～2 400 年间环境考古学的初步研究》，《环境考古研究（第一辑）》，科学出版社，1991 年；夏正楷、邓辉、武弘麟：《内蒙古西拉木伦河流域考古文化演变的地貌背景分析》，《地理学报》2000 年 3 期。

［2］莫多闻等：《红山文化牛河梁遗址环境考古研究》，《牛河梁——红山文化遗址发掘报告（1983～2003 年度）》，文物出版社，2012 年。

［3］莫多闻等：《红山文化牛河梁遗址环境考古研究》，《牛河梁——红山文化遗址发掘报告（1983～2003 年度）》，文物出版社，2012 年。

［4］赤峰中美联合考古研究项目：《内蒙古东部（赤峰）区域考古调查阶段性报告》，科学出版社，2003 年。

［5］梁思永根据沙锅屯发现的彩陶提出了南北文化接触的重要性，参见《山西西阴村史前遗址的新石器时代的陶器》，《小屯、龙山与仰韶》（商务印书馆，2015 年）；裴文中提出红山文化（沙锅屯彩陶）是细石器南下受到彩陶文化影响产生的混合文化，参见《中国史前时期之研究》（商务印书馆，1948 年）。

［6］苏秉琦：《中华文明起源与重建中国史前史》，《华人·龙的传人·中国人——考古寻根记》，辽宁大学出版社，1994 年（原载《东南文化》1988 年 5 期）。

［7］苏秉琦：《中国文明起源新探》，生活·读书·新知三联书店，1999 年。

［8］郭大顺：《仰韶文化与红山文化关系再观察》，《郑州大学学报（哲学社会科学版）》2017 年 4 期。

［9］张星德：《中国北方新石器文化的互动与红山文明的形成》，《江汉考古》2021 年6 期。

［10］苏秉琦：《辽西古文化古城古国——兼谈当前田野考古工作的重点或大课题》，《文物》1986 年 8 期。

［11］辽宁省文物考古研究所：《牛河梁——红山文化遗址发掘报告（1983～2003 年度）》，文物出版社，2012 年；郭明：《牛河梁遗址红山文化晚期社会的构成》，社科文献出版社，2019 年。

［12］刘国祥：《红山文化研究》，科学出版社，2016 年。

［13］勾云形玉器根据构成要素的变化可以分为单勾型和双勾型两种，各自又有形制上的细微变化，参见郭明：《试析红山文化勾云形玉器》，《考古与文物》2007 年 5 期。

［14］经过修复的玉镯见于牛河梁遗址第三地点 M3，在断裂面两侧成对的钻孔则为器物断裂后的修复孔，修复孔之间可见较浅的磨槽。

［15］郭明：《牛河梁遗址红山文化晚期社会的构成》，社科文献出版社，2019 年。

［16］郭明：《管窥勾云形玉器——以牛河梁第二地点 M14 出土勾云形玉器为例》，《古玉今韵——朝阳牛河梁红山玉文化国际论坛文集》，中国文史出版社 2008 年。

［17］牛河梁遗址随葬玉镯具有标示墓主性别的意义，总体来看，大体存在女性戴双镯，左右手各一，男性单镯戴于右手而女性单镯戴于左手的规律。参见郭明：《浅谈墓葬中的性别"代码"与社会秩序——以牛河梁遗址上层积石冢阶段墓葬为例》，《女性考古与女性遗产（第二辑）》，江苏人民出版社，2019 年。

［18］田广林等：《西辽河上游地区红山文化积石冢研究》，《辽宁师范大学学报（社会科学版）》2016 年 4 期。

［19］辽宁省文物考古研究所：《辽宁牛河梁红山文化"女神庙"与积石冢群发掘简报》，《文物》1986 年 8 期。

［20］积石冢要素的共识性分析参见郭明：《浅谈牛河梁遗址上层积石冢》，《华夏文明》2017 年 7 期。

［21］牛河梁遗址下层积石冢阶段，第三地点上层积石冢阶段墓葬皆有积石而不见石墙。

［22］辽宁省文物考古研究所、朝阳市龙城区博物馆：《辽宁朝阳市半拉山红山文化墓地的发掘》，《考古》2017 年 2 期。

［23］苗伟：《红山文化积石冢与辽东半岛积石冢比较研究》，辽宁师范大学硕士学位论文，2015 年。

［24］内蒙古自治区文物考古研究所：《白音长汗——新石器时代遗址发掘报告》，科学出版社，2004 年。

［25］发掘者将二者视为早晚关系，分别对应二期甲类和二期乙类遗存，但二者所表现的应是埋葬习俗上的差异而非年代的不同。

［26］王仁湘：《史前中国的艺术浪潮——庙底沟文化彩陶研究》，文物出版社，

2011 年。

［27］ 郭大顺：《仰韶文化与红山文化关系再观察》，《郑州大学学报（哲学社会科学版）》2017 年 4 期。

［28］ 王仁湘：《史前中国的艺术浪潮——庙底沟文化彩陶研究》，文物出版社，2011 年。

［29］ 中国社会科学院考古研究所内蒙古工作队：《赤峰西水泉红山文化遗址》，《考古学报》1982 年 2 期。

［30］ 因其与庙底沟文化"花"造型的相似性而得名。辽宁省文物考古研究所编：《牛河梁——红山文化遗址发掘报告（1983～2003 年度）》，文物出版社，2012 年。

［31］ 参见韩建业：《庙底沟时代与"早期中国"》，《考古》2012 年 3 期。

［32］ 王仁湘：《史前中国的艺术浪潮——庙底沟文化彩陶研究》，文物出版社，2011 年。

［33］ 郭明：《牛河梁遗址勾连涡纹纹样的演变》，《红山文化学术研讨会论文集》，辽宁人民出版社，2013 年。

［34］ 朱延平：《红山文化彩陶纹样探源》，《边疆考古研究（第 6 辑）》，科学出版社，2007 年。

［35］ 牛河梁遗址第一地点的发掘发现了上段纹饰为刻划纹，下段为彩陶的器物。

［36］ 严文明：《中国古代的陶支脚》，《考古》1982 年 6 期。

［37］ 高蒙河：《史前器座初探》，《考古》1993 年 1 期。

［38］ 辽宁省博物馆、昭乌达盟文物工作站、敖汉旗文化馆：《辽宁敖汉旗小河沿三种原始文化的发现》，《文物》1977 年 12 期。

［39］ 辽宁省博物馆、昭乌达盟文物工作站、敖汉旗文化馆：《辽宁敖汉旗小河沿三种原始文化的发现》，《文物》1977 年 12 期。

［40］ 方殿春：《阜新查海遗址的发掘与初步分析》，《辽海文物学刊》1991 年 1 期；郑红：《筒形器用途初探》，《辽海文物学刊》1997 年 1 期。

［41］ 冯恩学：《东北平底筒形罐区系研究》，《北方文物》1991 年 4 期。

［42］ 西台发掘者将其命名为"筒形器"，参见林秀贞、杨虎：《红山文化西台类型的发现与研究》，《考古学集刊（19）》，科学出版社，2013 年。

［43］ 研究者也提出西台的"筒形器"应为"器座"，参见张星德、王健：《红山文化筒形器的形制与功能研究》，《渤海大学学报（哲学社会科学版）》2020 年 4 期。

［44］ 李恭笃、高美璇：《内蒙古敖汉旗四棱山红山文化窑址》，《史前研究》1987 年 4 期；内蒙古文物考古研究所：《内蒙古赤峰市哈拉海沟新石器时代墓地发掘简报》，《考古》2010 年 2 期。

［45］ 内蒙古文物考古研究所：《巴林左旗友好村二道梁红山文化遗址发掘简报》，《内蒙古文物考古文集（第一辑）》，中国大百科全书出版社，1994 年，图七：17。

［46］ 西台发掘者将其命名为"筒形器"，参见林秀贞、杨虎：《红山文化西台类型的发现与研究》，《考古学集刊（19）》，科学出版社，2013 年。

［47］ 内蒙古文物考古研究所：《巴林左旗友好村二道梁红山文化遗址发掘简报》，《内蒙古文物考古文集（第一辑）》，中国大百科全书出版社，1994 年，图七：17。

［48］ 西台发掘者将其命名为"筒形器"，参见林秀贞、杨虎：《红山文化西台类型的发现与研究》，《考古学集刊（19）》，科学出版社，2013 年。

［49］ 器形与庙底沟出土器座（A20bH2 ：19）略有相似，参见中国社会科学院考古研究所：《庙底沟与三里桥》（文物出版社，2011 年）。有研究者根据二者的相似性提出红山文化的器座可能是受庙底沟文化的影响而出现的。

［50］ 内蒙古文物考古研究所：《内蒙古赤峰市哈拉海沟新石器时代墓地发掘简报》，《考古》2010 年 2 期。

［51］ 辽宁省博物馆、昭乌达盟文物工作站、敖汉旗文化馆：《辽宁敖汉旗小河沿三种原始文化的发现》，《文物》1977 年 12 期。

［52］ 李恭笃、高美璇：《内蒙古敖汉旗四棱山红山文化窑址》，《史前研究》1987 年 4 期；内蒙古文物考古研究所：《内蒙古赤峰市哈拉海沟新石器时代墓地发掘简报》，《考古》2010 年 2 期。

［53］ 辽宁省文物考古研究所：《牛河梁——红山文化遗址发掘报告（1983～2003 年度）》，文物出版社，2012 年。

［54］ 中国社会科学院考古研究所：《庙底沟与三里桥》，文物出版社，2011 年，第 30 页 A7aH327 ：13 与图版叁肆，1。

［55］ 这种变化可能与红山文化晚期衰落危机的出现有关，因为"外来"威胁的增加，使得红山文化不得不通过强化本地传统来加强社会的团结和统一。

［56］ 成璟瑭、塔拉、曹建恩、熊增珑：《内蒙古赤峰魏家窝铺新石器时代遗址的发现与认识》，《文物》2014 年 11 期。

［57］ 段天璟、成璟瑭、曹建恩：《红山文化聚落遗址研究的重要发现——2010 年赤峰魏家窝铺遗址考古发掘的收获与启示》，《吉林大学社会科学学报》2011 年 4 期。

［58］ 侯静波、陈国庆：《浅析外来文化对魏家窝铺红山文化环壕聚落的渗透与影响》，《边疆考古研究（第 29 辑）》，科学出版社，2021 年。

［59］ 侯静波、陈国庆：《浅析外来文化对魏家窝铺红山文化环壕聚落的渗透与影响》，《边疆考古研究（第 29 辑）》，科学出版社，2021 年。

［60］ 中国社会科学院考古研究所内蒙古工作队：《赤峰西水泉红山文化遗址》，《考古学报》1982 年 2 期。

［61］ 双耳壶的演变序列的确定与红山文化分期所确定的序列恰好相反，在赵宾福的分期中西水泉的彩陶双耳壶属红山文化第一阶段。参见赵宾福、薛振华：《以陶器为视角的红山文化发展阶段研究》，《考古学报》2012 年 1 期。余西云则认为此

件与小河沿文化同类器相当，属红山文化较晚阶段遗物。参见余西云：《西阴文化——中华文明的滥觞》，科学出版社，2006年。

[62] 源于大凌河流域的红山文化前身曾有两个支系：其一是产生"之字纹"压印纹筒形罐的母体；其一是产生"篦纹"压印筒形罐的母体。二者曾经先后两次发生巨变产生两个新的支系：其一是以包含刻划麟（麒麟）和龙纹罐为其突出特征；其一是以包含鳞纹彩陶罐为其主要特征。参见苏秉琦：《中华文明起源与重建中国史前史》，《华人·龙的传人·中国人——考古寻根记》，辽宁大学出版社，1994年（原载《东南文化》1988年5期）。

[63] 梁思永根据沙锅屯发现的彩陶提出了南北文化接触的重要性，参见《陕西西阴村史前遗址的新石器时代的陶器》，《小屯、龙山与仰韶》（商务印书馆，2015年）；裴文中提出红山文化（沙锅屯彩陶）是细石器南下受到彩陶文化影响产生的混合文化，参见《中国史前时期之研究》（商务印书馆，1948年）。

[64] 苏秉琦：《中国文明起源新探》，香港商务印书馆，1997年。

[65] 苏秉琦：《中华文明的新曙光》，《东南文化》1988年5期。

第二章 红山社会的发展

[1] 滕铭予：《GIS支持下的赤峰地区环境考古研究》，科学出版社，2009年。

[2] 涂尔干著，渠东译：《社会分工论》，读书·生活·新知三联书店，2013年。

[3] 张弛：《比较视野中的红山社会》，《红山文化研究——2004年红山文化国际学术研讨会论文集》，文物出版社，2006年。

[4] 积石冢的概念涵盖两方面的内容，广义的积石冢偏重空间的划分，由同一区域的多个历时性遗迹单元组成，狭义的积石冢则为一组共时的聚落单元。此处的积石冢则选取广义的空间概念。

[5] 郭明：《牛河梁遗址墓葬分期再讨论》，《北方文物》2020年6期。

[6] 郭明：《牛河梁遗址红山文化晚期社会的构成》，社科文献出版社，2019年。

[7] 方殿春、刘葆华：《辽宁阜新县胡头沟红山文化玉器墓的发现》，《文物》1984年6期；方殿春、刘葆华：《辽宁阜新县胡头沟红山文化积石冢的再一次调查与发掘》，《北方文物》2005年1期；赵振生：《辽宁阜新县胡头沟新石器时代红山文化积石冢二次清理研究探索》，《中国考古集成东北卷（5）》，北京出版社，1997年；辽宁省文物考古研究所：《辽海记忆——辽宁考古六十年重要考古发现（1954～2014）》，辽宁人民出版社，2014年。

[8] 辽宁省文物考古研究所、朝阳市龙城区博物馆：《辽宁朝阳市半拉山红山文化墓地的发掘》，《考古》2017年2期；辽宁省文物考古研究所、朝阳市龙城区博物馆：《辽宁朝阳市半拉山红山文化墓地》，《考古》2017年7期。

[9] 《敖汉旗四家子红山文化积石冢》，《中国考古学年鉴2002》，文物出版社，2003

194

年；邵国田：《草帽山祭祀遗址群》，《敖汉文物精华》，内蒙古文化出版社，2004
年；刘国祥：《红山文化研究》，科学出版社，2016 年。

[10] 王来柱：《凌源市西梁头红山文化石棺墓地的发掘与研究》，《辽河寻根文明溯源——中华文明起源学术研讨会论文集》，文物出版社，2012 年；辽宁省文物考古研究所：《辽海记忆——辽宁考古六十年重要考古发现（1954～2014）》，辽宁人民出版社，2014 年。

[11] 中国社会科学院考古研究所内蒙古工作队、内蒙古自治区敖汉旗博物馆：《内蒙古敖汉旗蚌河、老虎山河流域新石器时代遗址调查简报》，《考古》2005 年 3 期；辽宁省文物考古研究所、美国匹兹堡大学人类学系、美国夏威夷大学：《辽宁大凌河上游流域考古调查简报》，《考古》2010 年 5 期。

[12] 郭明：《牛河梁遗址红山文化晚期社会的构成》，社科文献出版社，2019 年。

[13] John M. O'Shea, *Mortuary Variability: an Archaeological Investigation*, Academic Press, 1984.

[14] 辽宁省文物考古研究所：《辽海记忆——辽宁考古六十年重要发现（1954～2014）》，辽宁人民出版社，2014 年。

[15] 牛河梁遗址第十地点发掘资料。

[16] 内蒙古自治区文物考古研究所、吉林大学边疆考古研究中心：《赤峰上机房营子遗址与西梁》，科学出版社，2012 年。

[17] 邵国田：《概述敖汉旗的红山文化遗址分布》，《中国北方古代文化国际学术研讨会论文集》，中国文史出版社，1995 年；刘晋祥、董新林：《燕山南北长城地带史前聚落形态的初步研究》，《文物》1997 年 8 期。

[18] 刘晋祥、董新林：《燕山南北长城地带史前聚落形态的初步研究》，《文物》1997 年 8 期。

[19] 辽宁省文物考古研究所、朝阳市龙城区博物馆：《辽宁朝阳市半拉山红山文化墓地的发掘》，《考古》2017 年 2 期。

[20] 郭明：《牛河梁遗址红山文化晚期社会的构成》，社科文献出版社，2019 年。

[21] 内蒙古自治区文物考古研究所、吉林大学边疆考古研究中心：《赤峰上机房营子遗址与西梁》，科学出版社，2012 年。

[22] 凯西·科斯丁著，郭璐莎、陈力子译：《手工业专门化：生产组织的定义、论证及阐释》，《南方文物》2016 年 2 期。

[23] 灵宝西坡遗址 F105 为 200 平方米的半地穴式房址，估算需要 100 个劳动力工作 3 个月，参见李新伟：《红山文化玉器与原始宇宙观——史前艺术与宗教权力关系的个案分析》，《中国美术研究》2013 年 1 期；良渚的研究者则指出完成每方堆土平均需 13.5 工时，参见王宁远：《从村居到王城》，杭州出版社，2013 年；赵辉则提出良渚的工作效率大体应每人每天可以完成的采土（石）工作量为 1 立方

米，参见赵辉：《良渚的国家形态》，《中国文化遗产》2017 年 3 期。

［24］涂尔干著，渠东译：《社会分工论》，读书·生活·新知三联书店，2013 年。

［25］涂尔干著，渠东译：《社会分工论》，读书·生活·新知三联书店，2013 年。

［26］Hegon M., "Technology style and social practices: Archaeological approaches", in M.T. Stark, eds., *The Archaeology of Social Boundaries*, Smithsonia Institution Press, 1998.

［27］文德安则通过具体的研究指出存在附属式和独立式两种专业化生产的模式，并对两种模式下生产的特征进行了概括。参见文德安著，陈淳等译：《工艺生产与中国古代社会的复杂化进程》，《南方文物》2007 年 1 期。

［28］郭明：《牛河梁遗址红山文化晚期社会的构成》，社科文献出版社，2019 年。

［29］普卢登丝·莱斯著，郭璐莎、陈力子、陈淳译：《陶器生产专业化演变——一个尝试性模型》，《南方文物》2014 年 1 期。

［30］辽宁省文物考古研究所、朝阳市龙城区博物馆：《辽宁朝阳市半拉山红山文化墓地的发掘》，《考古》2017 年 2 期。

［31］刘国祥：《红山文化研究》，科学出版社，2016 年。

［32］辽宁省文物考古研究所、匹兹堡大学比较考古学中心：《大凌河上游流域红山文化区域性社会组织》，匹兹堡，2014 年。

［33］辽宁省文物考古研究所、匹兹堡大学比较考古学中心：《大凌河上游流域红山文化区域性社会组织》，匹兹堡，2014 年。

第三章 礼——红山文化核心价值观的形成

［1］内蒙古自治区文物考古研究所：《白音长汗——新石器时代遗址发掘报告》，科学出版社，2004 年。

［2］内蒙古自治区文物考古研究所：《白音长汗——新石器时代遗址发掘报告》，科学出版社，2004 年。

［3］内蒙古文物考古研究所：《克什克腾旗南台子遗址》，《内蒙古文物考古文集（第二辑）》，中国大百科全书出版社，1997 年。

［4］中国社会科学院考古研究所内蒙古工作队、内蒙古自治区敖汉旗博物馆：《内蒙古敖汉旗蚌河、老虎山河流域新石器时代遗址调查简报》，《考古》2005 年 3 期。

［5］赤峰中美联合考古研究项目：《内蒙古东部（赤峰）区域考古调查阶段性报告》，科学出版社，2003 年。

［6］辽宁省文物考古研究所、美国匹兹堡大学人类学系、美国夏威夷大学：《辽宁大凌河上游流域考古调查简报》，《考古》2010 年 5 期。

［7］郭大顺、张克举：《辽宁喀左县东山嘴红山文化建筑群址发掘简报》，《文物》1984 年 11 期。

［ 8 ］ 牛河梁遗址下层积石冢阶段的随葬品主要为彩陶盖罐，这类彩陶盖罐在稍晚的上层积石冢阶段也有发现，牛河梁遗址第十地点、田家沟墓地的部分墓葬有石砌脚厢，脚厢内放置陶器。白音长汗遗址随葬的"鼎"与田家沟墓地出土的花瓣足盖罐相同，应属同一器类。

［ 9 ］ 辽宁省博物馆、昭乌达盟文物工作站、敖汉旗文化馆：《辽宁敖汉旗小河沿三种原始文化的发现》，《文物》1977 年 12 期。

［10］ 内蒙古自治区文物考古研究所、吉林大学边疆考古研究中心：《赤峰上机房营子遗址与西梁》，科学出版社，2012 年。

［11］ 李涛：《红山文化无底筒形器的"专业化"生产问题》，《北方文物》2019 年 1 期。

［12］ 郭明：《牛河梁遗址红山文化晚期社会的构成》，社科文献出版社，2019 年。

［13］ 冯时：《红山文化三环石坛的天文学研究——兼论中国最早的圜丘与方丘》，《北方文物》1993 年 1 期。

［14］ 郭明：《牛河梁遗址红山文化晚期社会的构成》，社科文献出版社，2019 年。

［15］ 华玉冰：《牛河梁女神庙平台东坡筒形器群遗存发掘报告》，《文物》1994 年 5 期。

［16］ 邓聪：《中国最早石制轴承的功能实验考古试论——查海遗址轴承形态分析》，《庆祝郭大顺先生八秩华诞论文集》，文物出版社，2018 年。

［17］ 中国社会科学院考古研究所内蒙古工作队、内蒙古自治区敖汉旗博物馆：《内蒙古敖汉旗蚌河、老虎山河流域新石器时代遗址调查简报》，《考古》2005 年第 3 期。

［18］ 李新伟：《仪式圣地的兴衰：辽西史前社会的独特文明化进程》，上海古籍出版社，2017 年。

［19］ 刘国祥：《红山文化研究》，科学出版社，2016 年。

［20］ 刘国祥：《红山文化研究》，科学出版社，2016 年。

［21］ 中国社会科学院考古研究所、内蒙古自治区文物考古研究所、吉林大学边疆考古研究中心：《半支箭河中游先秦时期遗址》，科学出版社，2002 年。

［22］ 刘国祥：《红山文化研究》，科学出版社，2016 年。

［23］ 赤峰中美联合考古研究项目：《内蒙古东部（赤峰）区域考古调查阶段性报告》，科学出版社，2003 年。

［24］ 辽宁省文物考古研究所、美国匹兹堡大学人类学系、美国夏威夷大学：《辽宁大凌河上游流域考古调查简报》，《考古》2010 年 5 期。

［25］ 辽宁省文物考古研究所、匹兹堡大学比较考古学中心：《大凌河上游流域红山文化区域性社会组织》，匹兹堡，2014 年。

［26］ 方殿春、刘晓鸿：《辽宁阜新县胡头沟红山文化积石冢的再一次调查与发掘》，《北方文物》2005 年 2 期。

［27］ 辽宁省文物考古研究所：《牛河梁——红山文化遗址发掘报告（1983～2003 年

度）》，文物出版社，2012 年，第 117 页，N2 图二九。

［28］郭明：《牛河梁遗址红山文化晚期社会的构成》，社科文献出版社，2019 年。

［29］辽宁省文物考古研究所：《牛河梁——红山文化遗址发掘报告（1983～2003 年度）》，文物出版社，2012 年。

［30］徐昭峰、于海明：《牛河梁遗址与红山文化祭祖权的垄断》，《辽宁师范大学学报（社会科学版）》2017 年 1 期。

［31］苏秉琦：《中国文明起源新探》，生活·读书·新知三联书店，1999 年。

［32］关于"远祖"和"近祖"的分析还见于巫鸿：《从"庙"至"墓"》，《庆祝苏秉琦考古五十五年论文集》，文物出版社，1989 年；田广林：《红山文化"坛、庙、冢"与中国古代宗庙、陵寝的起源》，《史学集刊》2004 年 2 期。

［33］徐昭峰、于海明：《牛河梁遗址与红山文化祭祖权的垄断》，《辽宁师范大学学报（社会科学版）》2017 年 1 期。

［34］新的考古发现显示这种认识可能需要进一步更新。

［35］郭大顺、张克举：《辽宁省喀左县东山嘴红山文化建筑群址发掘简报》，《文物》1984 年 11 期。

［36］辽宁省文物考古研究所、朝阳市龙城区博物馆：《辽宁朝阳市半拉山红山文化墓地的发掘》，《考古》2017 年 2 期；辽宁省文物考古研究所、朝阳市龙城区博物馆：《辽宁朝阳市半拉山红山文化墓地》，《考古》2017 年 7 期。

［37］发掘者提供的坛墙西侧筒形器的照片（《考古》2017 年 7 期图六）显示筒形器叠压 M47、M48，线图（《考古》2017 年 2 期图三）显示坛墙叠压 M47，M48 打破砌筑界墙时的挖槽，虽然不同信息所显示的各类遗存的早晚略有差异，但都能确认其并未同时存在。

［38］《敖汉旗四家子红山文化积石冢》，《中国考古学年鉴 2002》，文物出版社，2003 年；邵国田：《草帽山祭祀遗址群》，《敖汉文物精华》，内蒙古文化出版社，2004 年；刘国祥：《红山文化研究》，科学出版社，2016 年。

［39］刘国祥：《红山文化研究》，科学出版社，2016 年。

［40］草帽山遗址即老虎山河流域调查的 4841 遗址。中国社会科学院考古研究所内蒙古工作队、内蒙古自治区敖汉旗博物馆：《内蒙古敖汉旗蚌河、老虎山河流域新石器时代遗址调查简报》，《考古》2005 年 3 期。

［41］王来柱：《凌源市西梁头红山文化石棺墓地的发掘与研究》，《辽河寻根文明溯源——中华文明起源学术研讨会论文集》，文物出版社，2012 年；辽宁省文物考古研究所：《辽海记忆——辽宁考古六十年重要考古发现（1954～2014）》，辽宁人民出版社，2014 年。

［42］李新伟：《仪式圣地的兴衰：辽西史前社会的独特文明化进程》，上海古籍出版社，2017 年。

第四章　红山文化的繁盛与衰落

[1]　辽宁省博物馆、旅顺博物馆：《大连市郭家村新石器时代遗址》，《考古学报》
　　　1984 年 3 期。

[2]　韩建业：《中国新石器时代的祀天遗存和敬天观念——以高庙、牛河梁、凌家滩
　　　遗址为中心》，《江汉考古》2021 年 6 期。

[3]　迈克尔·曼著，刘北成、李少军译：《社会权力的来源——从开端到 1760 年的权
　　　力史（第一卷）》，上海世纪出版股份有限公司，2015 年。

[4]　张弛：《葬仪中的社会与社会权力》，《社会权力的起源——中国史前葬仪中的社
　　　会与观念》，文物出版社，2015 年。

[5]　李伯谦：《中国古代文明演进的两种模式——红山、良渚、仰韶大墓随葬玉器观
　　　察随想》，《文物》2009 年 3 期。

[6]　良渚文化的大型墓葬中出土有相当数量的玉钺，墓葬等级和随葬品数量也相对较
　　　高，由此被认为是军权和王权结合的象征。

[7]　辽宁省文物考古研究所、朝阳市龙城区博物馆：《辽宁朝阳市半拉山红山文化墓
　　　地的发掘》，《考古》2017 年 2 期。

[8]　偶然的暴力行为不能意味着暴力活动的制度化，也不能说明有组织暴力的存在。
　　　参见张光直著，刘静、乌鲁木加甫译：《艺术、神话与祭祀》，北京出版集团公司
　　　北京出版社，2017 年。

[9]　基于牛河梁遗址出土遗物的情况，李伯谦在分析中国史前两种不同的文明演进
　　　的模式时指出玉器是神祇信仰的礼器，而陶器为祖先信仰的礼器，仅以玉器随
　　　葬的红山文化晚期社会是以神权为中心，神权高于一切。李伯谦：《中国古代
　　　文明演进的两种模式——红山、良渚、仰韶大墓随葬玉器观察随想》，《文物》
　　　2009 年 3 期。

[10]　玉器，特别是动物造型的玉器通常被认为是沟通天地的媒介，而拥有此类器物
　　　的墓主则可能是具有此种能力的巫或觋，参见郭大顺：《红山文化"玉巫人"的
　　　发现与"萨满式文明"的有关问题》，《文物》2008 年 10 期；玉器是神祇信仰
　　　的礼器，而陶器为祖先信仰的礼器，参见李伯谦：《中国古代文明演进的两种模
　　　式——红山、良渚、仰韶大墓随葬玉器观察随想》，《文物》2009 年 3 期。

[11]　多种类样本的年代测定结果显示，"女神庙"北侧年代最晚的台基址上燎祭遗迹
　　　的年代在距今 5 600 年左右，与"女神庙"炭化木柱的测定年代大体相当。

[12]　刘云辉：《中国出土玉器全集·14·陕西》，科学出版社，2005 年。

[13]　中国社会科学院考古研究所、北京市文物工作队琉璃河考古队：《1981～1983 年
　　　琉璃河西周燕国墓地发掘简报》，《考古》1984 年 5 期。

[14]　田明利：《凌家滩墓地玉器渊源探寻》，《东南文化》1999 年 5 期；《凌家滩遗存与

红山文化》，《文物研究（第15辑）》，黄山书社，2007年。

［15］韩建业：《晚期红山文化南向影响的三个层次》，《先秦考古研究——文化谱系与文化交流》，文物出版社，2013年。

［16］赵朝洪、员雪梅、徐世炼等：《从玉器原料来源的考察看红山文化与大汶口文化的关系》，《红山文化研究——2004年红山文化国际学术研讨会论文集》，文物出版社，2006年。

［17］杨美莉：《试论新石器时代北方系统的环形玉器》，《中国北方古代文化国际学术研讨会论文集》，中国文史出版社，1995年。

［18］内蒙古文物考古研究所等：《岱海考古（三）——仰韶文化遗址发掘报告集》，科学出版社，2003年。

［19］韩建业：《晚期红山文化南向影响的三个层次》，《先秦考古研究——文化谱系与文化交流》，文物出版社，2013年。

［20］李新伟：《中国史前社会上层远距离交流网的形成》，《文物》2015年4期。

［21］内蒙古自治区文物考古研究所、香港中文大学中国考古艺术研究中心编著，吉平、邓聪主编：《哈民玉器研究》，中华书局，2018年。

［22］郑钧夫、朱永刚、吉平：《试论哈民文化》，《边疆考古研究（第15辑）》，科学出版社，2014年。

［23］辽宁省文物考古研究所、赤峰市博物馆：《大南沟——后红山文化墓地发掘报告》，科学出版社，1998年。

［24］李新伟：《仪式圣地的兴衰：辽西史前社会的独特文明化进程》，上海古籍出版社，2017年。

［25］辽宁省博物馆、昭乌达盟文物工作站、敖汉旗文化馆：《辽宁敖汉旗小河沿三种原始文化的发现》，《文物》1977年12期。

［26］辽宁省文物考古研究所、赤峰市博物馆：《大南沟——后红山文化墓地发掘报告》，科学出版社，1998年。

［27］内蒙古文物考古研究所：《内蒙古赤峰市哈拉海沟新石器时代墓地发掘简报》，《考古》2010年2期。

［28］赵欣的博士论文对红山文化的牛河梁遗址、小河沿文化的哈拉海沟墓地、大南沟墓地的人骨资料进行了分析，结果显示两考古学文化之间并无明显变化。赵欣：《辽西地区先秦时期居民的体质人类学和分子生物学研究》，吉林大学博士学位论文，2009年。

［29］何瑾、刘演、田彦国、王泽、肖鑫、姜锋、刘韬、孙千里、陈静、李茂田、陈中原：《西辽河流域中晚全新世气候环境演变及其对农牧业演替的影响》，《地理学报》2021年7期。

［30］陈胜前：《燕山—长城南北地区史前文化的适应变迁》，《考古学报》2011年1期。

[31] 莫多闻等：《红山文化牛河梁遗址环境考古研究》，《牛河梁——红山文化遗址发掘报告（1983～2003 年度）》，文物出版社，2012 年。

[32] 莫多闻等：《红山文化牛河梁遗址环境考古研究》，《牛河梁——红山文化遗址发掘报告（1983～2003 年度）》，文物出版社，2012 年。

[33] 道格拉斯·诺思著，厉以平译：《经济史中的结构与变迁》，商务印书馆，1992 年。

[34] 杨德才、李梦飞：《制度变迁、路径依赖与王朝周期性兴衰——以中国封建王朝制度变迁为例》，《安徽师范大学学报（人文社会科学版）》2018 年 3 期。

第五章　北红山与南良渚

[1] 李伯谦：《中国古代文明演进的两种模式——红山、良渚、仰韶大墓随葬玉器观察随想》，《文物》2009 年 3 期。

[2] 李新伟：《裂变、撞击和熔合——苏秉琦文明起源三种形式的新思考》，《南方文物》2020 年 2 期。

[3] 李伯谦：《中国古代文明演进的两种模式——红山、良渚、仰韶大墓随葬玉器观察随想》，《文物》2009 年 3 期。

[4] 何瑾、刘演、田彦国、王泽、肖鑫、姜锋、刘韬、孙千里、陈静、李茂田、陈中原：《西辽河流域中晚全新世气候环境演变及其对农牧业演替的影响》，《地理学报》2021 年 7 期。

[5] 史培军：《中国北方农牧交错地带的降水变化与“波动农牧业”》，《干旱区资源与环境》1989 年 3 期；李宜垠、崔海亭、胡金明：《西辽河流域古代文明的生态背景分析》，《第四纪研究》2003 年 3 期。

[6] 张淑兰：《森林草原交错带景观格局梯度变化及植物群落多样性的研究》，河北农业大学硕士学位论文，2007 年。

[7] 孔昭宸、杜乃秋、王苏民等：《中国全新世大暖期气候与环境的基本特征》，《中国全新世大暖期气候与环境》，北京海洋出版社，1992 年；孔昭宸、杜乃秋、刘观民等：《内蒙古自治区赤峰市距今 8 000～2 400 年间环境考古学的初步研究》，《环境考古研究（第一辑）》，科学出版社，1991 年；夏正楷、邓辉、武弘麟：《内蒙古西拉木伦河流域考古文化演变的地貌背景分析》，《地理学报》2000 年 3 期。

[8] 莫多闻等：《红山文化牛河梁遗址环境考古研究》，《牛河梁——红山文化遗址发掘报告（1983～2003 年度）》，文物出版社，2012 年。

[9] 宋豫秦：《西辽河流域全新世环境变迁》，《中国文明起源的人地关系简论》，科学出版社，2002 年。

[10] 张小咏：《5000aBP. 以来辽西地区环境演变与人地关系研究》，辽宁师范大学硕士学位论文，2003 年。

[11] 莫多闻等：《红山文化牛河梁遗址环境考古研究》，《牛河梁——红山文化遗址发

掘报告（1983～2003年度）》，文物出版社，2012年。

［12］莫多闻等：《红山文化牛河梁遗址环境考古研究》，《牛河梁——红山文化遗址发掘报告（1983～2003年度）》，文物出版社，2012年。

［13］陈全家、张哲：《赤峰市魏家窝铺遗址2010～2011年出土动物的考古学研究》、《草原文物》2017年1期。

［14］孙永刚、赵志军：《魏家窝铺红山文化遗址出土植物遗存综合研究》，《农业考古》2013年3期。

［15］中国社会科学院考古研究所内蒙古第一工作队：《内蒙古赤峰市兴隆沟聚落遗址2002～2003年的发掘》，《考古》2004年7期。

［16］赵志军：《探寻中国北方旱作农业起源的新线索》，《中国文物报》2014年11月12日；孙永刚、贾鑫：《辽西地区红山文化时期生业方式及其相关问题研究》，《辽宁师范大学学报（社会科学版）》2016年4期。

［17］王春雪、成璟瑭、曹建恩、塔拉、熊增珑、关莹：《内蒙古魏家窝铺遗址陶器内淀粉粒反映的古人类食谱及相关问题》，《人类学学报》2017年3期。

［18］辽宁省文物考古研究所、朝阳市龙城区博物馆：《辽宁朝阳市半拉山红山文化墓地的发掘》，《考古》2017年2期。

［19］王春雪、成璟瑭、曹建恩、塔拉、熊增珑、关莹：《内蒙古魏家窝铺遗址陶器内淀粉粒反映的古人类食谱及相关问题》，《人类学学报》2017年3期。

［20］陈全家、张哲：《赤峰市魏家窝铺遗址2010～2011年出土动物的考古学研究》，《草原文物》2017年1期。

［21］辽宁省文物考古研究所、朝阳市龙城区博物馆：《辽宁朝阳市半拉山红山文化墓地的发掘》，《考古》2017年2期。

［22］赵志军：《探寻中国北方旱作农业起源的新线索》，《中国文物报》2014年11月12日；孙永刚、贾鑫：《辽西地区红山文化时期生业方式及其相关问题研究》，《辽宁师范大学学报（社会科学版）》2016年4期。

［23］袁靖、潘艳、董宁宁、司徒克：《良渚文化的生业经济与社会兴衰》，《考古》2020年2期。

［24］杨群：《良渚文化与中国文明的源起》，《文明的曙光——良渚文化》，浙江人民出版社，1996年。

［25］浙江省文物考古研究所：《良渚古城综合研究报告》，文物出版社，2019年。

［26］陈雍：《解读良渚文明——中国早期国家形态特征及其研究路径》，《南方文物》2021年1期。

［27］李之龙：《良渚社会形态探析》，《考古》2002年9期。

［28］梁丽君、方向明：《王的葬仪——良渚文化反山王陵M12的王冠复原》，《中国美术学院学报》2018年3期。

［29］张忠培：《良渚文化的年代和其所处社会阶段——五千年中国进入文明的一个例证》，《文物》1995 年 5 期。

［30］吴汝祚：《良渚文化礼制的形成及其影响》，《杭州师范学院学报（人文社会科学版）》2001 年 1 期。

［31］王明达：《反山良渚文化墓地初论》，《文物》1989 年 12 期。

［32］方向明：《五千年前良渚古国的王——反山第 12 号墓》，《公众考古（第一辑）》，上海古籍出版社，2020 年。

［33］宋建：《良渚——神权主导的复合型古国》，《东南文化》2017 年 1 期。

［34］方向明：《聚落变迁和统一信仰的形成：从崧泽到良渚》，《东南文化》2015 年 1 期。

［35］刘斌等：《良渚：神王之国》，《中国文化遗产》2017 年 3 期。

［36］戴向明：《中国史前社会的阶段性变化及早期国家的形成》，《考古学报》2020 年 3 期。

［37］戴向明：《中国史前社会的阶段性变化及早期国家的形成》，《考古学报》2020 年 3 期。

［38］刘斌：《神巫的世界——良渚文化综论》，浙江摄影出版社，2007 年。

［39］张忠培：《良渚文化墓地与其表述的文明社会》，《考古学报》2012 年 4 期。

［40］宋建：《良渚——神权主导的复合型古国》，《东南文化》2017 年 1 期。

［41］赵辉：《从"崧泽风格"到"良渚模式"》，《权力与信仰》，文物出版社，2015 年。

［42］何驽：《长江流域文明起源商品经济模式新探》，《东南文化》2014 年 1 期。

［43］玉琮的特征的差异显明其获取方式的不同，从而可以确定拥有者获取权力的途径。宋建：《良渚——神权主导的复合型古国》，《东南文化》2017 年 1 期。

［44］中村慎一：《良渚文化的遗址群》，《古代文明（第 2 卷）》，文物出版社，2003 年。

［45］赵辉：《良渚的国家形态》，《中国文化遗产》2017 年 3 期。

［46］张忠培：《良渚文化墓地与其表述的文明社会》，《考古学报》2012 年 4 期。

［47］宋建：《良渚——神权主导的复合型古国》，《东南文化》2017 年 1 期。

［48］何驽：《长江流域文明起源商品经济模式新探》，《东南文化》2014 年 1 期。

［49］蒋卫东：《自然环境变迁与良渚文化兴衰关系的思考》，《华夏考古》2003 年 2 期；陈杰：《文化生态史观视野下的文明化进程》，《中原文物》2010 年 1 期。

［50］复旦大学李辉先生告知。

［51］刘斌、王宁远、陈明辉、朱叶菲：《良渚：神王之国》，《中国文化遗产》2017 年 3 期。

［52］经北京大学年代学实验室碳十四测定，良渚古城的年代测定数据大多落在良渚文化早期，约为前 3100 年～前 2700 年。浙江省文物考古研究所：《良渚古城综合研究报告》，文物出版社，2019 年。

［53］李新伟：《裂变、撞击和熔合——苏秉琦文明起源三种形式的新思考》，《南方文

物》2020 年 2 期。

结　语

［ 1 ］李济：《中国上古史之重建工作及其问题》，《李济文集》，上海人民出版社，2006 年。

［ 2 ］苏秉琦：《中国文明起源新探》，读书·生活·新知三联书店，1999 年。

［ 3 ］内蒙古文物考古研究所：《白音长汗——新石器时代遗址发掘报告》，科学出版社，2004 年。

［ 4 ］内蒙古自治区文物考古研究所：《2016 年内蒙古自治区文物考古研究所考古发现综述》，《草原文物》2017 年 1 期。

［ 5 ］鲁西奇：《散村与集村：传统中国的乡村聚落形态及其演变》，《华中师范大学学报（人文社会科学版）》2013 年 4 期。

［ 6 ］刘国祥：《红山文化研究》，科学出版社，2016 年。

后　记

　　笔者受良渚博物院夏勇先生之邀为中国早期文明丛书写一本关于红山文化的小书，深感荣幸的同时又倍感压力。总体而言，红山文化的资料较为零散、新材料也少，近些年发掘的魏家窝铺、田家沟、半拉山等遗址的完整资料尚未发表。但与此同时，也有不少红山文化专门的研究论著问世，从多个角度对红山文化加以阐述。对于本书而言，在既无新材料发表，亦不希望只是对既往成果做简单汇总的情况下，想要用十数万字说清一个延续一千五百多年、分布二十余万平方公里的红山社会，就需要选择一个合适的切入点。彼时拙作《牛河梁遗址红山文化晚期的社会构成》刚刚出版，一时未能形成新的思路，迟迟难以落笔。所幸近年牛河梁遗址的考古工作有了些新的突破，虽然尚未形成材料发表，但在发掘过程中所见的一些迹象及对其所呈现的规律的认识过程中，渐渐促成了新的想法的形成。相对贫乏的日常生活的居址与繁荣的大型祭祀礼仪活动场所是红山文化中不可忽视的社会现象，二者并非对立的存在，而是分别代表了红山社会的一体两面。因此选择以此为切入点呈现红山社会的一个侧面。

　　李济先生提出探索中国文明起源要关注长城以北，苏秉琦先生更是以一首诗将偏居北方的以"燕山龙"为代表的红山文化放置在"夏商周及晋文公"等有历史记载的王朝序列之前，以此来说明红山文化在中国文明起源中的地位与作用。因为相隔几千年，虽然物质遗存上的相似性并不明显，而在精神文明领域的实践则颇为相似。在红山文化中发现的与后世记载相近的祭祀礼仪活动和以（社会规范）"礼"来统领社会的模式与孔子所大力推崇的周相似，红山文化中的"礼"则可视为《周礼》的雏形，其社会实践亦可视为中国传统文化的源头。因此笔者斗胆选用苏先生的"中国文化直根系"一语作为副标题。

谨以此文向从事和关注红山文化研究的前辈学者致敬，他们的一系列工作推进了对红山文化的认识。小书得以忝列丛书之中，特别感谢良渚博物院夏勇先生的邀约。感谢编辑贾利民先生对品质的严格把控，纠正了其中表述不准确之处。也感谢合作发掘牛河梁遗址的贾笑冰先生，为新认识的形成和本文的写作提供的指导和丰富的灵感。

由于资料和学识有限，难免错漏之处，敬请前辈、同仁不吝赐教。在此抛砖引玉，希望学界同仁给予红山文化更多关注。

于牛河梁遗址第一地点发掘现场

二○二二年九月